危機介入與創傷反應

理論與實務

黃惠美・李巧雙　譯

Crisis Intervention and Trauma Response
Theory and Practice

Barbara Rubin Wainrib, EdD

Ellin L. Bloch, PhD

本書將獻給我所鍾愛而懷念的「祖母艾達」：
　　　　　艾達・高芙曼・巴爾曼

只要有一位充滿愛心、願意傾聽的大人，便可以救活一個小孩。
此外，同時要紀念這麼一位女士，她在被遺棄的地方得救：
　　　　　亞歷山卓・席蒙茲博士

這個世界傷害了每一個人……然而之後，有些人在他受創的部位反而更加強壯。

　　　　　　　　　　　　　　　　── 海明威《戰地春夢》

　　　　芭芭拉・魯賓・韋恩瑞伯（B. W.）

通往真理的房子只有一扇門，那就是經驗。

　　　　　　　　　　　　　　　　　　　── 拜亞・泰勒

謹獻給我的雙親，
感謝他們教導我如何去傾聽、去記憶；
並獻給愛德華・米勒，
他將真實故事提供給我；
　　以及
克里斯多福・阿曼多・赫那德茲，

他的故事現在仍在被講述中。

當生命中發生某件不尋常的事件……
當一項危機發生而使得每一件事都變得重要時，
那時人們會希望能參與其中，因為這就是教導。
——蘇倫・克爾克蓋爾德

艾琳・布羅契（EB）

不要以為那些想要安慰你的人是活得無憂無慮的，雖然那些簡單而沉著的話語有時確實對你有幫助。事實上，通常他自己的生命是充滿困難與哀傷的，否則，他將無法說出這些貼切的話語。

──瑞娜・瑪利亞・瑞爾凱

　　即使你拒絕沒有必要的創痛，創傷與痛苦仍然會找上你。如果創痛的益處對你而言似乎只是一種假設，甚至是可笑的無稽之談，你倒是可以問問自己，你是否在生命中最平順的時期學到最多而且成長最快，或者是在逆境時期產生了極大幅度的自我覺察。大多數的人會承認，在逆境中使一個人成長得最快。

──麥可・賴那《治療方式的抉擇》

作者簡介

Barbara Rubin Wainrib

　　Barbara Rubin Wainrib，人文科學碩士，教育學博士，她是一個臨床心理學家，並在蒙特婁執業擔任心理治療師。她也是McGill大學教育和諮商心理學研究所兼職的副教授，而她也在這裡教授危機介入／創傷反應，以及社會心因腫瘤學，曾在加州專業心理學學校透過工作坊教導成人教育，她同時也擔任美國心理學組織中獨立執業部門的危機介入及創傷反應委員會的主席。

　　Wainrib博士長久以來一直對人對於危機創傷的反應，以及性別的話題非常感興趣，這二項興趣的結合也培養出她對於與性別有關之攸關生死的疾病的研究熱忱。除了出版過許多專業的文獻，Wainrib博士也撰寫了下列的書籍：《生命輪盤中的性別話題》（Gender Issues Across the Life Cycle），由Springer出版公司所出版，已成為行為科學書籍選集中的精選之一；她也有貢獻於由Sandra Haber博士所編輯，同樣也由Springer出版公司所出版的《乳癌──心理學上的治療手冊》一書；而她的另一本書──《射腺癌──給女人及她所愛的男人之指引》一則是與Haber博士一起寫的，於一九九六年出版。

　　Wainrib博士於一九五九年取得了McGill大學的臨床心理碩

士學位，並隨後在 McGill 大學的示範醫院中任職十五年之久，並在一九七六年取得了麻塞諸塞大學諮商心理的博士學位，她曾在美國及加拿大的許多組織與團體中擔任顧問的角色，由她所主辦的針對專業人士及業餘大眾的技能培養活動，也已服務了數百人次之多。

Ellin L Bloch

Ellin L Bloch 博士目前擔任加州專業心理學學院洛杉磯分校之專業領域訓練部門的教學長及客座教授。在此之前，她曾擔任辛辛那提大學醫學院家庭醫學系行為科學組的副教授及系主任，她也是美國心理學會心理治療部門第一個在創傷反應及研究中事變的影響力組的聯同主席之一。她的臨床工作將焦點放在危機及創傷反應的治療，而她也擔任如律師、公司及工廠、專業組織，以及和創傷事件有關的媒體的顧問。由於她在致力於群體創傷介入上的成績，她也獲得了美國心理學會的會長獎，以及辛辛那提心理學會的傑出心理學家獎。

譯者簡介

黃惠美

學　歷：國立臺灣大學心理學研究所 碩士
　　　　國立臺灣大學心理學系 學士
曾　任：經國管理暨健康學院
　　　　學生輔導中心主任

（負責第一至四章）

李巧雙

學　歷：輔仁大學應用心理系
經　歷：格致中學輔導老師、心動力企管顧問公司口譯
　　　　經國管理暨健康學院「心輔志工社」的指導老師
　　　　義務「張老師」、愚人戲團團長

　　喜歡將心理學應用在生活之中，讓人生更有貢獻，也更精采。翻譯書籍也是其中之一，期待將一本好書的精髓及所有的內容，藉由自己的英文能力，國學造詣及本身具備的心理學知識，

完整的表達出來，並將這份用心送到讀這本書的人的手中。

（負責第五至七章）

誌　謝

　　有人問我們，為什麼能夠忍受聽取所有個案們所訴説的痛苦經驗。我們認為，如果那些案主們能夠度過這些經歷，而且有勇氣向我們傾吐，我們當然也能夠傾聽。因此，最值得我們感謝的，便是那上百位多年來與我們分享生命中的危機與創傷經驗的人們。由於他們的經歷，增強了我們個人對人類心靈力量的堅信。

　　我們兩人共同深信，對生活危機與創傷的瞭解及因應是非常重要的，於是，透過彼此在這方面的分享後，我們便展開本書的合著工作。在合作的旅程中，我們雖然相隔 3,000 哩之遙，卻建立了極為深厚的關係。

　　我們要感謝美國心理學協會（APA）第廿九組（心理治療）及第四十二組（獨立開業），他們發動第一支先遣部隊，進行創傷與危機的研究工作，使得我們在協會中被賦予主席的特權。我們也要感謝那些提供專業協助的同事們：紐約州立災難回應廣播網主席 Elizabeth Carll 博士；創傷壓力協會的 Dan Abrahamson 博士與 Laurie-Ann Pearlman 博士；以及美國心理學協會前任會長 Jack Wiggins 博士。而 APA 第四十二組的主席 Sandra Haber 博士，亦是一位對本工作網絡持續給予支持的重要人物。

　　至於 Jon Perez 博士，則是長期以來一直給予我們專業及個人的支持。Jon 使我們對意外狀況下救援服務的傳送更加地瞭解，

她在這方面的初始貢獻均在本書中一一呈現。

此外，我們要向 Charles Wainrib 致上謝忱，不僅是因為他扮演了技術上的超級英雄，為我們從電腦記憶體中取回大部份遺失的原稿，也因為他盡其可能地對 Barbara Wainrib（本書作者之一）的大部份生活提供各方面的支援。

Bishop Yarian 一路引領我們，在洛杉磯加州州立專業心理學學院（CSPP-LA）開設一系列延續教育工作坊，藉以將我們部份的研究成果在其間加以應用。我們要同時感謝參與這些課程的學員，以及那些 McGill 大學教育與諮商心理學系和 CSPP-LA 研討會中的學生。這些參與者的互動與熱忱，使我們在研究工作中受到挑戰、鼓舞及增強。

Barbara Wainrib 亦想感謝 Andy Hum 博士，於一九七八年受他之邀，得以在 McGill 大學講授危機介入的課程；以及，Rachelle Keyserlingk 副院長和教育與諮商心理學系主任 Bruce Shore 博士，他們持續支持 Barbara 在該學系裡的教學工作。我在本書中所寫的內容，有許多是得自準備此課程時所蘊釀出來的。

Ursula Springer 與 Bill Tucker 一開始便對我們兩人和此項合作計劃充滿了信心。他們那令人意外的耐心確實值得喝采。

我的孩子 Jeannine 和 Andrew Wainrib，以及我的女婿 Victor Afriat 和孫女兒 Rachel Wainrib Friendly，是他們為我奠定了「生存在這個世界上」的重要基礎。我的 Rubin 家族以及 Wainrib 家族，都在我的生命中佔有特殊的地位，而我的摯友 Elaine R. Goldstein 亦是如此。在此必須特別一提的是，發生在我自己家庭中的浴火鳳凰現象，我的兒子 Andrew 曾經是洛杉磯地區在短期間

內所發生的三大創傷事件中的受害者：政局不安定，摧毀了他的事業；Malibu 山林大火，奪走了他的家園，並危及他的生命；以及 Santa Monica 大地震，毀滅了他其餘的支持媒介。然而在至親好友的支持下，使他具備了令人訝異的勇氣，而能夠以全新的觀點與希望繼續面對每一天。

Ellin Bloch 想要感謝 Hannah Bloch、Edward H. Miller 博士，以及 Patrick Mullahy。身為一個作者的我，面對許許多多的賀禮，心目中最珍愛的是那些由他人所陳述的實例。我的女兒 Hannah 便是不時地對我的著作發出令人振奮的鼓勵話語，並且確信書中字裡行間相當具有說服力。Edward H. Miller 博士則是教導我如何在其他的受害者身上，聽到我很幸運地從他那兒所學到的東西。至於對我的老師 Patrick Mullahy 的感謝則是延遲了許久，當年他長時間坐在廚房的工作臺旁撰寫他自己的著作時，便已為我在早期豎立了一個忍耐的專業典範；而也由於他的激勵，促使我將參與觀察法（participant-observation）的真正精神應用在我的研究當中。

我也要向我的好友兼同事，Lisa Porche'-Burke 博士與 Patrick H. DeLeon 博士二人表達極大的感謝，因為他們多年來對我的專業成長一直抱持著堅定不變的興趣與支持。而另一位好友兼同事，Roy M. Whitman 博士，則使我受惠良多，因為我們花費了許多的時間一同工作，試圖為受創病患照亮他們所處的黑暗。

至於我那位能幹且熱心的助理 Cher Berry，當我自己生疏的電腦技能無法派上用場時，是她來擔負起這類技術性的工作；她同時也為此項工作收集了相當多重要的資料。在此，謹將我永恆

的感謝獻給她。

芭芭拉・魯賓・韋恩瑞伯　博士

（Barbara Rubin Wainrib, EdD）

於蒙特利爾

艾琳・布羅契　博士

（Ellin L. Bloch, PhD）

於洛杉磯

1998 年 2 月

譯者序

　　決定為這本書進行翻譯大約是兩年半前的事情。當初，吳總編在沒有任何合作經驗的情況下，願意給我這樣一個難得的機會接觸本書，令我非常感動。然而在欣喜之餘，未曾衡量當時行政與教學的工作量已超乎個人身心負荷，且其間，個人事實上亦經歷幾椿危機與創傷事件，致使譯著工作進度嚴重落後，心中萬分愧疚，然而吳總編竟能全然體諒，更是教我備感溫馨。而正當我幾乎無法繼續此項工作之際，忽然福至心靈，想到一位極佳的合作人選——巧雙，她是由其他老師介紹，為我指導學生成長團體與心輔志工培訓課程的老師。在合作期間，我不僅欣賞她帶領成長團體方面的功力，更深知其具有英文的說寫長才，因此在徵得吳總編的同意之後，便將本書第五章至第七章的部份交予巧雙，由她接棒完成。事實上，由具有多年實務經驗的巧雙老師來負責後三章的翻譯，對本書著重理論與實務的精神而言，無疑是一件「巧」妙的「雙」人組合。

　　本書是由兩位在理論研究與實務工作上均有豐富經驗的學者（Barbara Rubin Wainrib 博士與 Ellin L.Bloch 博士）所合著而成，她們在本書中，首創將「危機介入（crisis intervention）」與「創傷反應(trauma response)」二者加以整合，提出「一般性危機反應(General Crisis Response)」的概念；並編入適用於個人演練或在課堂中進行的練習，使有志於學習助人技能的讀者，在體驗式學

習的過程中，增進自助助人的知能。

　　本書作者提出了許多頗值得助人者引以思考，並在自己的助人工作中進行檢視的觀點。她們認為，危機與創傷對任何性格特質的人，或多或少都會造成心理上的困擾，而遭遇危機與創傷事件的人本身大多是具有功能且運作正常的人，只是這些正常的人目前面臨到具有破壞性的不尋常狀況，他們需要的是有人能夠協助他們發掘出自己潛在的能量，若能善於運用這項內在資源，他們通常能夠自己走出傷痛，重新迎向未來的日子，猶如書中所描述的「浴火鳳凰」。因此，助人者必須謹記的是，在面對你的個案時，千萬不要將他們視為有待「維修」的「病人」，更切忌一再地安慰他們不要難過、不要哭，其實個案的反應只是一個過程，甚至是必要的過程，而不是「病狀」；助人者並不會有專門的「解藥」，對於他們個人的狀況，你不會有答案，你也不能告訴他們該怎麼做，但是，你可以做的是，利用你的專業知能，幫助他們激發出內在的能量，重獲生命力，再以最適合自己的方法從黑暗中走出來，將「生活危機」轉為「生機」。作者提到，遭受危機與創傷的人身旁通常會有至少一位「很會安慰人」的善心人士，不斷地說一些「體貼」或「鼓舞人心」的話語，然而他們在另一方面已經不自覺地漠視了受害者的傷痛，同時也以無心的方式在要求受害者在他最困難的時刻忽視自己的傷痛。作者引用一位精神科醫師的研究：在他追蹤調查多位罹難者的親屬後發現，他們大多數過得很好，至於那些過得不好，或是發展出精神疾病的人，多是因為他們未能經歷一個完整的傷痛過程。我們或許可以想想，究竟是什麼原因使得這些人不能好好地大哭一場或

大聲狂吼或……呢？

　　在第四章中，作者特別列出了幾項助人者必須避開的陷阱，是所有助人的專業人員與一般想表達關懷的人都應該熟記於心的。事實上，本書非常強調「社會支持系統」的重要性，因此，善意的助人者若能適當地對受害者付出關懷與支持，對他們在自我療傷的路途上，應是一項不可或缺的陪伴。此外，作者認為助人者與一般人一樣，也會遭遇危機與創傷事件，甚至在助人的過程中很容易成為受害者，因此第四章也很貼心地列出「協助助人者」的內容，提醒助人者在助人之際，可以運用書中所提供的練習，進行自我覺察與抒解。至於當今社會上幾乎天天發生的自殺與暴力事件，在第六章有相當廣泛的探討，不僅助人者有詳讀的必要，一般社會大眾也應該加以瞭解。

　　不知是否為上帝善意的安排，在兩年多前，整個臺灣社會呈現一片國富民安景象之際，本書的社會功能並不顯著，或許有幸得以在大專院校心理相關科系選修課程中做為教科書使用。因此，當時正著手翻譯本書的我並未有太大的使命感。然而，這段時間以來，不僅我個人經歷了幾次身心方面的小浩劫，更重要的是，我們一向安和樂利的社會，竟然在大家措手不及的情況下，發生了九二一大地震、八掌溪事件、股市崩盤、產業外移、中年失業人口驟升等現象，再加上早已層出不窮的自殺與暴力事件，在在凸顯了危機處理與創傷因應之協助人力的急迫需求。因此，深盼本書的問市，能夠在培訓助人者方面發揮力量，以協助慌亂的人們懂得「安於不安」。

　　最後，除了再次感謝吳總編的體恤與耐心，以及巧雙的及時

大力相助；還要感謝溫柔的執行主編張毓如小姐，兩年來，不厭其煩地運用電話與書信向我詢問進度，並進行文稿上的溝通；當然，也不能忘記感激那位視我為遲交作業的小孩，不時在我耳邊叮嚀與敦促的「郭老師」。衷心祝福您們！

黃　惠　美

民國九十年立春

目　錄

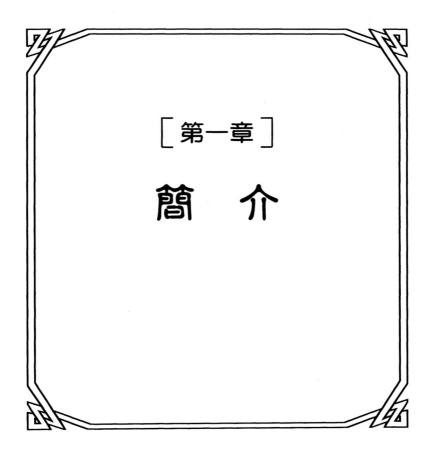

[第一章]

簡　介

〔002〕危機介入與創傷反應：理論與實務

本章大要

・關於本書
・何謂危機介入與創傷反應：其特性為何？
・這本書裡有什麼？
・關於書中作者口吻的說明

關於本書

　　本書是兩位心理學家愉快合作的產物，她們分享在危機介入與創傷反應上的多年經驗、興趣與熱忱。

　　自從西元一九七八年，作者之一（芭芭拉・韋恩瑞伯，B. W.）便在加拿大蒙特利爾市麥卡基爾大學教育學院的「諮商與人際關係／家庭生活教育」碩士班課程中，開始進行很成功的危機處理課程的講授。修習本課程的學生包括危機介入工作者、教師、護理人員、諮商員、社工人員、心理學家、修女、牧師、律師、自助課程的團體帶領人等。在不久之前，創傷的衝擊已逐漸受到高度重視，而且創傷反應的領域也開始發展。另一位作者（艾琳・布羅契，E. B.）也已在美國國內被認定為國家級的創傷因應專家，並且因致力於社區創傷因應工作而榮獲美國心理學協會會長獎。她的工作對象包括病患、律師、醫師、心理衛生專業人員、

商業界與企業界、媒體、社群組織以及支持團體，為創傷反應與
復健領域賦予了多樣而深遠的未來展望。

我們共同身為美國心理學協會獨立開業組（美國心理學協會
第四十二組）的危機介入與創傷反應委員會的成員。在聯手進行
數場座談會與發表會之後，本書即是我們下一步的主要合作項
目。自從開始著手合寫本書起，我們也同時合力在加州專業心理
學研究院講授危機介入與創傷反應，做為合格心理學家的延續教
育課程。

何謂危機介入與創傷反應：其特性為何？

危機介入與創傷反應在所有助人專業上所造成的改變，已在
心理衛生領域的改革上有了重大的貢獻。傳統的心理治療與精神
分析，主要是以醫療模式為基礎，並且假設治療行為的發生是因
為病患出現身心失調的現象，而需要「治療師」（也就是醫生）
的專業知識。此假說是指，任何陷入心理困擾的人都需要專業化
的治療方式，藉由改變有缺陷的性格特質以治癒所罹患的疾病。
然而，危機與創傷對任何性格特質的人都會造成嚴重的心理困
擾，不論其性格特質健全與否。不過，此項體認是相當先進的。

西元一九九四年的某個星期日早晨，芭芭拉下樓時發現，她
的母親正非常焦急地試著要聯繫上她住在波士頓的舅舅查理，查
理是他們家族中的開心果，雖然已年近四十卻仍是單身。當她母
親總算由嘗試著與波士頓接上線的情緒中鬆懈下來後，解釋道，

有一處名為「椰子林」的夜總會發生了一場可怕的火災，而以她對她兄弟習性的了解，深怕他很有可能會在那兒。因此她急於想聯絡到他以求安心。那一整天她都處於極度焦慮的狀態，直到與查理聯絡上為止。芭芭拉一點也不曉得，這場椰子林的大火正標示著危機介入之正式歷史的開端。當然，**危機介入者**一直是存在的，他們是一群善心人士，企圖援助那些遭遇不幸事件的人。人們總是試著相互幫忙的。他們通常很有效率，但是可能也經常會在並非出於惡意，而只因缺乏知識與技巧的情況下，造成某種傷害。當兄弟死亡的噩耗打擊著一位年輕女孩時，作者認識的一位善意但說話不得體的親戚，對她說出一些完全不合宜的話來，例如：「今後，妳必須同時扮演妳父母的兒子與女兒的角色了。」那些無心的話語，一方面減輕了說話者內心的不安，並且有助於他們自覺似乎盡了些心力，一方面也衝擊著一個小孩的雙耳，而這個小孩因為自己遭遇喪失親人的危機，已變得脆弱而易受暗示。如同我們可以想見的，她可能甚至已經陷入半昏迷狀態。而那些話語逐漸變得不只是無心的建議，而且影響這個小女孩的生命好一段時間。幾年之後，另一位作者在一所大醫院的急診室裡看守著一位朋友時，無意間聽到類似的行為在隔壁病房發生，在那兒，一個死去的嬰兒被他幾近崩潰的父母送進去。此時，同樣善意的人士也說道：「你們將會有另一個小孩的。」如此，在這最困難的時刻否認了傷痛，也使這對父母的痛苦經驗被忽視。

　　如今我們知道，危機時期是一段最敏感的時期，此時就如同一個天平的支點，容許任何干預受到極大的重視，不論是正向或負向的介入。無論如何，一九九四年的那個星期日早晨，將促使

某些善意的但用辭不當的介入，改變成為現今我們所希望的真正有幫助的召喚。由於那場火災的緣故，精神科醫師 Erich Lindemann 得以追蹤調查多位受難者的親屬。他驚訝地發現，他們大多數過得很好。至於那些過得不好與發展出精神疾病徵狀的人之所以會如此，是因為他們沒有經歷過一個完整的傷痛過程。在本書中將闡述失喪及其同時隱含著危機與創傷的因與果的這個概念。Lindemann（1994）的研究是此概念的基礎，也是遭遇危機的人們所需要的助人專業知識的正式開端。Lindemann 的研究提出另一個重要的危機介入原則：「人們具有很大的內在資源，可用以因應生命中突如其來的危機。因此，有些人並不需要外在的協助；但是，對於某些人而言，能有一些適當的外援介入是很有幫助的。」然而，危機理論的假設是，即使擁有源源不絕的資源，任何個體對壓力的抗拒力是有限度的，因此每一個人在某種遭受打擊的情況下可能就會無法因應。他的研究以及 Caplan（1964）與其他追隨者所做的研究顯示，危機並不只是發生在所謂的「病患」身上，它可能而且確實會在適當情況下的任何時間，發生在任何人身上。這個研究取向，將個體的反應視為一個過程，而非疾病。當個人的問題變成相當嚴重的危機時，如果能有專業的介入，將有助於個案去嘗試更好的解決方法。否則，此個案可能會發展出偏差脫序的行為以企圖解決問題，因而成為「病患」（傳統的治療師通常就會在此時介入）。沒有任何一個人，能在他的一生中完全免除危機狀況。全世界也沒有任何有關危機與創傷技巧的知識，能保護我們免於遭遇這些經驗。如我們所知，有些危機是在一生中必然要面對的，而有些則是隨機出現的。無論如

何，在任何可能的時間，那個流著淚與你擦肩而過的人，可能就是你。

　　有關危機介入研究取向的最重大發展是哲學的改變。我們的研究取向是，兩個人合力去幫助一個暫時（在此對暫時不可過度強調）遭受打擊的人走過危機時期。這裡的假設是，面臨危機的人是一個運作正常的個體，他只是在這段艱困的時期需要一個指引。另一個假設是，危機是一件可能發生在任何人生命中的事件，包括助人者的生命中。因此，我們的著重點在於，個體面對危機時所擁有的**助力**，而不在於需要被「維修」的病狀。同時，我們也非常清楚任何在危機情境下可能發展出的症狀。然而，我們所強調的是個案可以帶著什麼去面對危機情境，以幫助自己用最有效的方式從傷痛中復原。

　　這個助人哲學的改變所產生的衝擊，賦予心理治療領域重大的啟示。危機介入的推動工作，以及人本心理學運動的發展，已經相當程度改變了環境配置、回應的表現方式與治療情境的力量結構。如果你再加上女權運動的影響，即可了解，當一個人採用那些傳統的療程形式時，相較於那些不論是醫學取向的臨床治療師，或是傳統精神分析取向的療程，是如何地全然不同。

　　以上所述，可以由你工作時的物理環境看出來，它應該同樣被強調。（某些臨床治療師，因為要確定所有辦公座椅的高度是相同的，而激怒了家具商。你是否曾有過在一個俯視你的人面前說話時，試著讓自己感覺舒服的經驗呢？）你的環境配置必須強調舒適與自在，而非臨床的原始風貌。如果你正在從事創傷研究，你將會發現研究場所遍佈各處；最有可能的地點是在冷卻器

四周，在某個燒毀房子的廢墟中，或是在機場的候機室，那裡有心愛的人所搭乘的飛機剛剛墜落。你的道具必須而且將是相當輕便的。如同你在處理個案時的物理環境，可能會與傳統的有所不同，其所需要的時間範圍也是如此。傳統的五十分鐘，可能會延長為九十分鐘或縮短為十五分鐘。除此之外，也可能會意外地出現個案所鍾愛的（小孩、寵物、表兄弟姐妹和祖父母）或是心愛的物品（裱褙的相片、幾件衣服）跟著個案來到你的工作室。不過無論你在何處和花多少時間與你的個案晤談，你必須謹記著，那是一個正常的人正面臨一個有破壞性的、不尋常的生活處境。在你這部分所秉持的心理學假設一定是，在這位正處於不安狀態的個體的內在某處，有著一股健全的生命力，具有比你目前所經驗的更高層次的運作潛能。你所要做的是，協助清除這場危機所製造的碎片，以及發掘出那保留在底層的生命力。你不是一個救難工作者，必須去援救個案，你只是伸出援手，協助那些煩亂不安的人們，回復生活的平衡，並且自己持續走下去。

　　危機介入與創傷反應是短期的、問題取向的，其目標是盡可能地快速且直接地在個案的生活處境中產生結構性的改變。由於社群與個人都有遭受危機打擊的可能，而必要的援助經常必須由受害區之外動員，因此，有必要發展出一套心理學的專門技術，可同時運用在由危機情境所產生的傳統與非傳統的環境下。我們也應重視如何因應助人者所面對的各種創傷，以及家庭成員所遭受的次級創傷，還有影響一般社會大眾對該事件之反應的間接傷害。由於媒體經常會介入此類型的情境，我們也必須熟悉如何與他們合作來教育社會大眾。我們的工作亦包括在追蹤由創傷經驗

引發的習慣性狀況時所需要的技術。

　　由於創傷的心理衝擊會在不同的時期經驗到，也就是說，立即的、短期的，或者是長期的都有可能，所以你必須能夠區辨適用於各種時期的不同取向與處理方式。

這本書裡有什麼？

　　這本書在很多方面是獨創的。它是第一本結合危機介入與創傷反應之研究成果的教科書。雖然在傳統上，這兩者一向是被單獨呈現的，我們卻認為危機介入是創傷反應中相當重要的一部分，因此將二者整合是很有必要的。如此進行之後，我們創造出一個新的概念，即**一般性危機反應**，它包括生活危機與創傷兩部分。這個新的模式將出現在第二章。

　　本書的另一項創新是，編入了可個別或在課堂上進行的練習。這些練習包括角色扮演、口語與非口語技巧的增進，以及身為此領域的助人者之自我覺察。我們深信，對成人而言，採用體驗式學習的效果最佳，而本書便提供了許多這類型的學習機會。

　　第二章將為讀者介紹危機或創傷經驗的衝擊。屆時會呈現正持續發展的危機情境，並與創傷情境做比較。其中將提出一個新概念，即一般性危機反應，並說明如何同時將它運用在生活危機與創傷經驗上。此外，也將陳述我們有關**浴火鳳凰**的概念，並指出為何它可能或不可能是一項危機或創傷經驗的產物。

　　第三章將焦點放在個人上面。首先，描述一個人陷入危機或

創傷時所呈現的性格特徵，討論人們如何對危機做反應，以及採用這些反應型態的決定因素。接著，解說危機因應的反應傾向與抉擇因素，以及受害的概念。然後，介紹本書的另一個論點，即生活變遷模式。最後，以對兒童特殊需求的觀察做為本章的結尾。

第四章一開始是介紹我們研究的概念架構，以及回顧相同領域的其他研究者所發展出的介入模式。接著，再呈現我們自己的介入模式，它採用**關係形成－評估－轉介／反應**（Relate-Assess-Refer/Respond, R-A-R）做為輪廓。我們自己的整合性介入模式將涵蓋各個層面，包括態度層面、技術層面、個案本身在擴張－收縮之連續性上的位置與助人者自己的反應之間的相互影響、了解個別差異與文化差異的必要性，以及有效性與常態化的持續性議題。本章還介紹另一個新的概念，即助人者必須察覺到，個案在危機與創傷時期對外界暗示的感受性。在討論有關評估的幾項層面（在第五章將有更進一步的討論）之後，本章列出一系列助人者應該避免的陷阱，這對任何階段的訓練都很有幫助。至於**社會支持系統**這個極為重要的概念，將與我們自己的支持模式，一同在本章中加以介紹。此外，在本章我們亦介紹社群資訊模式的重要性，包括資訊、教育與訓練，以及諮商。社群介入的一項關鍵要素是運用小團體的介入，在此便介紹了各類型的小團體模式，包括成人版的**緊急意外事件壓力經驗分享**與為兒童設計的表演藝術治療介入，以及為預防所做的預備訓練。本章為讀者收錄了許多相關的練習與技能養成技術。

第五章的主要內容是評估模式，包含急迫性、嚴重性、反應

的適當性、危機發生前的狀態，以及各種不同型態的資源，以上幾項的評估原則。我們也將討論適用於創傷情境的評估要素，並提出各類正常反應與行為的範例。當我們之後再回顧各種不正常反應與行為時，將列出一份精神疾病的清單，和創傷後壓力導致的身心失調之評估。本章亦納入有關社群評估的一些重要資料。

第六章將著重於自殺與暴力傷害，此二者是危機與創傷的兩個重要項目。我們介紹了許多有關自殺與人口統計資料的迷思，以及介入處理的研究。我們觀察特殊的族群，譬如青少年和老年人，並探討某些有關自殺的性別議題與性別差異。接著，我們談到暴力，討論它為何也同時是危機與創傷的刺激和反應。我們論及暴力的來源、暴力評估的要素，以及其他有關了解、因應與保護自己免於暴力行為的相關因素。

第七章是我們做總結的一章。它談到這個領域的實際運用。這是相當經驗性的，而且盡可能地，自積極傾聽到一系列之口語與非口語技巧，進行回顧，例如，焦慮減低練習、憤怒表達與入眠練習。接著進入社群，訓練讀者如何與媒體合作，並組織一個心理衛生回應團隊。如此一來，結合了本書所有的基本概念，並顯現出它們在實際生活情境中的樣貌。

關於書中作者口吻的說明

當你閱讀本書時，你將會注意到作者的表達方式隨時在改變。這是因為本書是由兩位作者以其獨特的筆調合寫而成，所以

沒有什麼不對勁。為了維持我們對兩人在危機與創傷反應研究上之個別差異的尊重，我們決定保留各自筆調的獨特性。我們兩人的走向不同，即表達自己觀點的方式不同，我們並非將二者的口吻轉變成一致的平板語氣，而是選擇保持各自的特色。其中一位的語調是相當學術性的，另一位的口吻則較為信手拈來。這兩種技巧是你在此領域工作時都必須具備的，在此領域中，你將發現你已經採納了我們的資料，而由你自己的本質與個人的生活經驗中將它擷取出來，並以你個人的方式加以運用。

參考資料

Caplan, G. (1964). *Principles of preventive psychiatry.* New York: Basic Books.
Lindemann, E. (1944). Symptomatology and management of acute grief. *American Journal of Psychiatry, 101,* 141–148.

[第二章]

危機、創傷與你：
危機與創傷的理論

本章大要

- ·危機與創傷：經驗談
- ·衝擊與反應
- ·練習 2.1：你的定義
- ·危機的定義
- ·危機的類型
- ·創傷
- ·一項新概念：一般性危機反應
- ·一般性危機反應的特性
- ·普遍性的生活危機
- ·自殺：例外狀況
- ·危機與創傷經驗的共同議題
- ·由受害到強而有力：浴火鳳凰現象
- ·關於本模式的結語
- ·給讀者的話

危機與創傷：經驗談

　　正當你在閱讀這些文字的時候，電話鈴響了。你接起了電話，你最要好的朋友告訴你一個不論你是否經歷過的奇特現象，

就是溫室效應導致極地的冰山開始融化，而且在接下來的三十六個小時內，融化後的冰河將氾濫成災，可能會嚴重危及你的家園和財產。想像一下這樣的情景，並且試著使它有真實的感覺。到此為止。然後列出當你將這個大災難具象化時，你的內在所產生的變化。在你體內有什麼感覺？你在想什麼？在你腦海中聽到了什麼？你有哪些反應？

想法＿＿＿＿＿＿＿＿＿＿＿＿＿＿＿＿＿＿＿＿＿＿＿＿＿＿＿

＿＿＿＿＿＿＿＿＿＿＿＿＿＿＿＿＿＿＿＿＿＿＿＿＿＿＿＿＿＿

＿＿＿＿＿＿＿＿＿＿＿＿＿＿＿＿＿＿＿＿＿＿＿＿＿＿＿＿＿＿

感覺＿＿＿＿＿＿＿＿＿＿＿＿＿＿＿＿＿＿＿＿＿＿＿＿＿＿＿

＿＿＿＿＿＿＿＿＿＿＿＿＿＿＿＿＿＿＿＿＿＿＿＿＿＿＿＿＿＿

＿＿＿＿＿＿＿＿＿＿＿＿＿＿＿＿＿＿＿＿＿＿＿＿＿＿＿＿＿＿

身體反應＿＿＿＿＿＿＿＿＿＿＿＿＿＿＿＿＿＿＿＿＿＿＿＿＿＿

＿＿＿＿＿＿＿＿＿＿＿＿＿＿＿＿＿＿＿＿＿＿＿＿＿＿＿＿＿＿

＿＿＿＿＿＿＿＿＿＿＿＿＿＿＿＿＿＿＿＿＿＿＿＿＿＿＿＿＿＿

衝擊與反應

如果你真的進入這樣的想像中，而且持續體驗到你在認知、行為與情感上的反應，那麼你將可得知在面臨危機或創傷時你的內在反應為何。或許你的反應正映照出我們某些學生的反應。那些反應如下：

1. 我會讓自己冷靜下來，換成愉悅的表情，並且告訴自己不會有事的。
2. 她是開玩笑的。那不會是真的。
3. 如果真的發生了，也絕不會是發生在我身上。像這樣的事不會出現在我身上，它們只會發生在別人身上。
4. 她竟然用這種方式開始她的課程——這種討厭的事怎敢闖入我的生命中！
5. 她為什麼要告訴我們這個？我們並不能做什麼。

　　在這前五名的反應中，可以發現一個典型的觀點，就是它們都是以**否認**做為思考核心。對任何會驟然改變你生活的情境，最立即的反應就是否認：「這事不會發生；讓它不要發生！」在我們每一個人內心深處都有一種感覺，認為我們是躲在有保護作用的神奇泡泡中，遊走在這個世界上。這種想法將這個世界塑造成相當穩定而可預測。它排除所有可怕的、不可預測的，以及會使生活瓦解的事。是的，我們受傷害，我們恐懼，我們哭泣；但是世界上真正可怕的事——意外事故、有生命危險的疾病，以及災難——並不會侵入我們個人的神奇泡泡。它們發生在**其他人**身上，而不是我們。假如或當它們真的侵入個人的神奇泡泡中，將會產生對於自己、自己的生活，以及自己在世界上生存的方式一個全然的重新評價。反正，這種重新評價的規模大小如何是無法探測的。當生命在最不舒服的情境下出現了自我重新審視的機會時，那是痛苦、耗費時間與慌亂困惑的。尤其當一個人全部或大部分的穩定性受到威脅，使得這種重新評價與改變的壓力自他的意識狀態中迸發時，其情況更是如此。因此，「她膽敢以這種方

式開始她的課程」這樣的反應，事實上是在說：「殺了這個傳話的人：這個愚蠢的人犯了一個不可思議的可笑錯誤，而假使我能除去帶著這項錯誤的傳訊者，它將會完全消失不見，那麼我就可以像以前一樣地生活下去了。」

這個反應的另一部分含義是**將它變回昨天**：不要讓這個轉變完成，好讓我的生活與沒發生這個可怕事情前一樣地過下去。這種**把今天靜止，將它變成昨天**的觀點，是我們在處理遭受危機的人們時，經常會面臨到的。**否認**（這種事不會發生）與**消除**（回復原狀；當它沒有發生過），這兩種觀點都是防衛性的反應，很多人會試圖將它們運用在任何生活危機或創傷時期。

另一種常見的反應是「我的心跳加速，我的手心直冒汗」。這是壓力反應中典型的生理反應的一部分。這說明了，在巨大的壓力下，我們的身體是如何地反應敏銳。我們的呼吸會變得急促，以運送氧氣到需要動員的肌肉；我們的體溫必須下降，使新陳代謝更有效率，因此手心會發汗；我們的血液被推送到體內任何一個需要的部分，因此不停撞擊著心臟。這些生理反應是立即而短暫的。它們應該不會在整個危機時期持續發生在個人身上，即使其中有部分反應可能會一再出現，直到危機解決為止。

當然，你可能還會有其他的反應。我們從來不會建議（或暗示）危機或創傷反應是有階段性或不同層次的。我們絕不會以相同的步調走進（面對）不同的情境；本書的主要取向是，使讀者了解個別差異的存在。每個人會依個人特有的生活經歷而採用相應的防衛模式。理性主義者一定會這麼說道：「在統計學上這是不可能的。我有量化數據可以證明它。」生理學家可能會作勢要

昏厥過去。不過，在個人的防衛措施尚未準備好之前，最有可能出現的初始反應通常是否認與消除。

練習 2.1：你的定義

　　如果你將本練習視為一項生活危機經驗，那麼你對危機的定義是什麼？

_____

_____

_____

　　如果你將此情境當做一種創傷，那麼你對創傷的定義是什麼？

_____

_____

_____

危機的定義

　　我們對危機的某些實用的定義如下：

1. 因個人慣用的問題解決方式運用失敗，而擾亂了內心的平衡狀態，導致混亂、絕望、沮喪、迷惑與痛苦（ Lillibridge & Klukken, 1978）。

2. Erik Erikson（1950）所下的定義是：「危機不再是意味著迫
   在眉睫的大災難……（而是）生命中一個必要的轉捩點，即
   發展階段面臨二選一時的決定性時刻，它匯集了成長、復原
   與更進一步分化時所需的資源。」你很快可以發現，Erikson
   的定義就是我們當今所謂的**發展危機**。
3. Gerald Caplan（1964）將危機界定為「個體在面臨會危及個
   人原本狀態或健全性之情境時所處的狀態」。
4. 有人將危機界定為瓦解舊習慣及引發新反應的催化劑。
5. 我們也很欣賞中國人的取向。在他們表意文字中的「危
   機」，是由兩個字所組成的。其中一個字（危）的含義是危
   險，另一個字（機）的意思則是機會（轉機）。

危機的類型

　　傳統上，危機被區分為兩類，即發展危機與情境危機。創傷
則被另外以與此重複的本質加以定義。極少有人將此二者當做相
近的概念來加以研究。

　　當我們討論到 Erikson（1950）的定義時，曾粗略地提及發
展危機。如 Caplan（1964）所建議的，發展危機可界定為一個
「內在形成的情境，它可能導因於生理的或心理的變化，再加上
個體的發展、生物性轉變與角色變遷等等因素」。因此，就是那
些我們正常的生理與心理發展時所出現的現象，會引發危機反應。

　　情境危機，則意指主要存在於生活環境中的情境。再次引用

Caplan（1964）的定義：

1. 人類基本需求中，某方面滿足的喪失，例如，心愛的人死亡或離去；或是身體完整性的喪失，譬如殘障。
2. 可能會遭遇上述失喪狀況的威脅性或危險性。
3. 超越個人能力範圍的挑戰，例如，在尚未做好妥善準備的情況下突然的陞遷。（p.65）

Gilliland 與 James（1993, p.15）說道：「情境危機的出現，是因為發生了個體無法預知或掌控的不尋常或意外事件，譬如，車禍、綁架、強暴、因企業併購而失業，以及突然生病而死亡。區辨情境危機與其他危機的關鍵在於，情境危機是隨機發生的、事出突然的、令人震驚的、情緒激動的與變動劇烈的。

發展危機包括：

1. 受孕或不孕
2. 懷孕、分娩、出生
3. 嬰兒時期與兒童早期
4. 青少年時期
5. 性別認同危機
6. 中年危機，包括生涯轉變
7. 退休
8. 老化
9. 死亡

情境危機包括：

1. 性危機：強暴、近親亂倫
2. 墮胎

3. 自殺

4. 急性或慢性疾病

5. 酗酒與藥物濫用

6. 離婚或分居（同時以當事人和家人的角度來看）

7. 虐待兒童、配偶、老人

8. 家庭危機

9. 鰥寡

10. 意外事件受害者

11. 犯罪事件受害者

12. 文化衝擊

13. 逃亡

14. 工作方面的：陞遷、失業、職務調遷

15. 被綁架（做人質）

Gilliland 與 James（1993）發展出存在危機的概念，係指「內在衝突與焦慮，它們是伴隨著人類存在的重要訴求而來的，如目標、責任感、獨立自主、自由與諾言的實踐」（p.16）。因此，中年危機或老化危機若是帶著懊悔與不滿意，便是屬於此類。

創傷

創傷事件對受影響的個人、家庭與社會而言，總是被視為是一項生命中特別具有毀滅性的事件。該事件的破壞性是不言而喻的；值得注意的是，此破壞性的獨特本質，即它發生在不同的層

面，對直接受害者之外的其他人亦具有潛在的影響力。創傷事件過度耗費當事人的能力與社會成本，超過他們所能容忍與負擔的資產。因為這些事件具有此普遍存在的特質，它們可能發生在任何時刻、任何地點。理論上，每一個人都有可能遭遇到，儘管實際上有許多人永遠都不會是受害者。就是這種潛在的可能性與不可預知性，共同形成了在個人層面與組織層面之緊急預防措施及創傷後介入的必要性。

　　創傷事件所涉及的範圍是全面的：飛機墜毀；颶風、颱風、土石坍方、山洪暴發和地震；毒氣外洩；連續謀殺、暴力襲擊、戰爭；橋梁與建築物倒塌；驅車掃射；綁架、擄人勒贖，和恐怖分子轟炸。這些事件有時被稱為災害或災難；有時則稱為意外或甚至是天災。這些事件對受打擊者具有生理層面上的影響，包括心跳加速、冷汗直冒、頭暈目眩、極度戰慄、嘔吐昏迷；以及心理層面上的影響，包括思緒混亂、容易激動、神經緊張、憤怒狂暴、噩夢連連、情緒麻木、疑神疑鬼、有罪惡感、極度悲傷和恐懼。在社會層面上，可能會有嚴重的重要民生設施的毀損，譬如水源、電力與緊急醫療救助等，與個人層面的生理失衡非常相似。社會也可能受到衝擊，因此必要的援助必須由受災區之外動員進來。

　　這些事件每天透過媒體呈現在我們面前。一位美國婦女因被懷疑綁架一名兒童，而遭瓜地馬拉暴徒打成不省人事。在奧克拉荷馬州，有一位不滿被去職的公司職員，走入以前的辦公室，射殺了十四位同事致死。在麥當勞的一個午後，變成了一場無辜的大屠殺。這些事件通常被稱為**人為的創傷**，以便和大自然所造成

的災害做區別。經由以下的分類，創傷事件可以更進一步地被賦予名稱或特性：(1)天然的：預期內的；(2)天然的：不可預測的；(3)人為的：意外的；(4)人為的：蓄意的暴行。由於創傷所引發的情緒反應，主要是視事件本身的特質而定，因此，對事件的描述愈仔細，愈有助於我們對其影響效應的了解。這些事件可以更進一步地被放在單一對多重發生的向度上，以及社群關聯程度或受害者間之親屬關係的向度上加以描述。再次強調，在這些向度上的了解，對於與心理衡鑑及介入活動有關的專業是相當重要的。

1.經常可預測的天然災害

包括了洪水氾濫、颱風、颶風：可能是單獨或多重發生，而且大多數總是發生在由朋友、鄰居或同事所組成的群體中。在這類環境中，發現自己也是受害者的外人，通常會立即投入救援與照顧的工作。

2.不可預知的天然災害

包括了地震、部分的山洪暴發與土石崩落、某些暴風雨，也是發生在關係緊密的社群中。然而，在這類環境中，臨時造訪的外人可能會由於缺乏預警和準備，而遭受較大的痛苦與慌亂。有些地區，例如洛杉磯，因為知道有這種可能性，於是為投宿旅館的客人列出詳細的說明書，指示如何因應地震的發生。內容大致為：「遠離窗戶與鏡子……躲在重物下方，例如桌子，並且緊握桌腳；帶著該重物移動」。無法預測的災害有可能只發生一次，也可能像地震，在一小段時間內會發生好幾次。

3.人為的意外事件

可能發生在由陌生人所組成，或是由家庭或朋友關係所連繫而成的群體之中。在三哩島所發生的科技災害，肯塔基市一所學校的校車發生車禍，以及紐約市的希士潘尼克俱樂部大火，都是屬於後者的例子。而原本陌生的一群人，可能會發現彼此聚集在一起，共同經歷飛機失事、公車撞毀、火車或地下電車出軌和飯店火災。在堪薩斯市，凱悅行政特區空中漫步舞台的倒塌，影響到數百位陌生人，稍早他們才因著晚上在飯店跳舞的約定，而聚集在此處。意外的人為創傷往往是單一事件。它可能只影響一個人，例如，意外射殺事件或建築工人的鷹架倒塌；或者會影響很多人，例如，箱形升降機突然下墜四層樓。意外事件並不意味著其他人在某一點上會被認定是有刑事或民事責任的。

4.人為的蓄意暴行

這大概是絕大多數的人最害怕遭受傷害的情況。一位遭陌生人亂刀砍傷的受害者如此描述他的感受：「他不認識我，但是他在後面追我，一心以為是在追一個長得像我的人，他想要殺我。如果他是一隻熊，我可能就成了他的晚餐了。」蓄意的暴行可能是單一事件，例如，單獨一人的槍殺與刺殺、強暴、襲擊與毆打，以及銀行搶劫的情況。而在雙重殺人、工作場所的謀殺，以及連續屠殺的情況下，則為多重事件。多重暴力事件可能發生在單一群體或者蔓延各國，例如，戰爭。一群陌生人可能會經由以下這些蓄意的暴力事件而聯繫在一起：泛美航空一〇三班機上炸彈爆炸案、黎巴嫩人質扣押事件、世界貿易中心的恐怖分子投擲

炸彈案，以及泰雷諾毒殺事件。不過，即使本單元所描述的創傷事件有不同的種類，而且個體會視事件特性的不同而有不同的反應，然而受害者的情緒反應仍有相似之處。在下一章，我們將會講述反應方式的某些相關要素，以及它們如何在決定對危機或創傷做反應時開始起作用。

一項新概念：一般性危機反應

　　創傷研究的新近發展，已經使得創傷的重要性得到共識。它涵蓋了廣泛的經驗面，但是其中最重要的是，它是一項經驗，但不是普遍性的。無論我們提到的是戰爭、地震或性侵害，我們都不是在描述每個人在正常預期下會經驗到的情況。然而，如果有人願意留意一下發展危機與情境危機的清單，他會了解到，遲早有一天，幾乎每一個人都將經歷到危機清單中的某些狀況。這項發現促使我們將危機與創傷的研究取向做了全面的改觀。儘管許多研究先進已在壓力、危機與創傷的相關變數上做了努力，並且試圖整合它們；我們在專業經驗的配合下，繼續研究出一項整合模式，經由證實，此模式對我們的臨床工作最有幫助。因此，我們便發展出**一般性危機反應**的概念，它包含了震驚、否認、懷疑、抵消、痛苦、失喪與慌亂的要素。在一般性危機反應當中，危機將被視為普遍性的，而創傷則為特殊性的。當我們提到危機是普遍性時，並非堅持每一個人都一定會經驗到它。不過它的機率是，當人們度過他們的一生時，他們必然會經驗到某種或許多

生活危機。然而，我們的看法是，任何一項這種經驗，也同時伴隨著人們生命中成長與轉變的潛在力，即使是不被期待的。

　　基於以上所述，在此我們將生活危機與創傷共同視為一般性危機反應的組成要素；至於二者之嚴重性孰重孰輕或許是主觀上的問題。一個人如何對其中之一做反應，與其可運用的資源——內在的、人際的、社會的，也或許是心靈方面的——以及個體取得這些資源的能力極其相關。同樣地，有研究指出，因應壓力的方法與存活者的性格特質間之相關性可以檢驗出來。

一般性危機反應的特性

　　一般性危機反應，是由意想不到的情況所引發的，它具有以下特性：

1. 在認知層次上：問題解決能力與因應機制暫時受到打擊。
2. 在心理層次上：於暫時性的震驚狀態之後，隨之而來的是否認、混亂、害怕、恐懼、沮喪、情緒麻木、懷疑、易怒與靜不下來。這些反應會擾亂個體的心理平衡狀態。
3. 在生理層次上：一般性的壓力反應，例如，心跳與呼吸頻率的改變，以及過度出汗等生理狀況將會產生。（參見表2.1）

　　個體反應的性質與形式，將是個體、事件與環境間之交互作用的結果，我們會在本章中針對此點加以說明。它也和先前的生活史、發展階段，以及其他的危險因素有關。所有這些概念都將在本章與接下去的章節中一一予以詳述。

表 2.1 一般性危機下之創傷與危機：特性比較一覽表

創傷的特性	生活危機的特性
·一種變動，往往是一種與少數其他人所共同經歷的不尋常情境：非普遍性的經驗。	·一種潛在的變動，生命中不被預期的轉捩點。即使通常是普遍性的，此經驗本身是單一的，而個體自覺是孤單的與獨特的。
·幾乎總會引起公眾的警覺：有時會暫時瓦解社會結構。	·很少被其他人察覺，可能會瓦解個體的生活，但一般性社會結構仍不受影響。
·單一或一連串的事件，引發如「受害者」、「英雄」與「旁觀者」等特殊社會角色的設定。同時以某種方式將具有救護人員、政府官員、律師與刑警等特定職業角色的其他人聚集在一起。	·生活危機事件會導致當事者身邊的人以另一種角色來對待他。它也可能涉及與採用各種「助人」形式的新手及專業人員接觸。
·此類事件本身有時是可預測／預知的（例如，即將逼近的颱風），有時是循環發生的（如周期性的），但是大多數並非如此。此類事件的發生通常是隨機的、任意的。	·雖然往往可預期得到，仍無法幫助個體預作準備：生活危機是一種令人震驚與意外的經驗，如同是發生在別人身上，而非自己身上的事。
·幾乎總會有生命的威脅，而且總是意謂失喪或迫在眉睫的失喪。	·有時可能會危及生命。總是隱含著個體會失去危機發生前的生活。生活將不會再回復原貌。
·幾乎總是無法由人們自由選擇；大都是突如其來的。	·很少有任何選擇的餘地，而且幾乎無法選擇自發性的反應。

普遍性的生活危機

　　危機與創傷的另一個相關向度是，在此危機中的其他人被波及的程度。舉例而言，危機研究工作者發現，創傷事件往往會影響到受害者所處社群中的許多人，或許是在創傷事件發生的當下，或是緊接在事件發生之後。譬如，假使你的房子燒毀了，你的鄰居們會立即察覺，而且在大多數情況下會被你的這場經驗所連累。在其他類型的危機中，這種牽連會持續更久。譬如，如果你正面臨著中年危機，在你周圍的人們可能會在你尚未真正形成危機之前，便已覺察到你某些行為的改變。事實上，在危機的潛伏期與對外發作之間，可能有一段較長的前置時期。儘管所有的危機與創傷經驗，最後均會涉及來自其他人的反應，然而這似乎是存在於兩個連續向度上的。第一個向度是，此反應是否只來自個體親密的支持系統（家人與朋友），或者它是來自一般社群的成員。第二個向度是內在的／外在的連續性，它反映在個體自我覺察到以及對他人表達不舒服感受的程度（即對外表達或宣告之潛伏性的概念）。以下所列出的項目均有適當的註解，會引發其他人立即反應的情境被歸類為外在的；而那些需要潛伏期的情境則被歸類為內在的。

　　如果應用我們的新概念，則以下的項目將被視為普遍性生活危機：

　　1.意外受孕或不孕——內在的（持續一段時間的）

2.繁瑣的懷孕、分娩、誕生——外在的

3.歷經繁雜育嬰、領養過程的父母——外在的

4.早期的兒童時期（疾病、極端的分離）——外在的

5.青少年時期

　　——青少年的存在危機——內在的

　　——青少年的行為改變——外在的

6.性別認同危機——內在的

7.中年危機，包括生涯轉變——可能起先是內在的，再轉為外在的

8.離婚或分居——由內在的開始，再轉變為外在的

9.退休——由內在的開始，再逐漸變為外在的

10.家庭危機——外在的

11.急性或慢性疾病，如愛滋病與癌症——內在的

12.鰥寡狀態——外在的

13.藥物上癮——由內在的開始，再轉變為外在的

14.老化——內在的與外在的各佔一半

15.死亡——外在的

　　再次運用我們的新概念，以下是創傷經驗的例子：

1.強暴、近親亂倫

2.暴力

3.嚴重意外事件

4.天然災害

5.戰爭

6.恐怖分子滋事

7.嚴重的工作相關經驗（暴力、工作傷害）
8.人質扣押
9.致命的疾病

自殺：例外狀況

　　雖然在前文中，自殺被列為情境性危機，在此我們則將它歸類為普遍性生活危機。在任何危機或創傷情境下，都有自殺的可能性存在。我們將在第六章對此做更多的說明。

危機與創傷經驗的共同議題

　　雖然危機與創傷在許多向度上是有差別的，它們仍然具有某些重要的共同特性。對於二者，均有一個三要素的基模，可協助將個體的經驗與反應予以概念化。這個簡單的模式是：(1)個體，(2)事件，(3)環境；它有助於歸類並區分危機與創傷的向度。此模式與公共衛生三部曲(1)群眾，(2)作用物，(3)環境很類似，並且可同時協助臨床人員與研究人員，區別可能會彼此意義重疊、被誤為相同或混淆的反應與變項。

　　舉例而言，以此基模，我們可以將喪偶狀態（危機）與犯罪型襲擊（創傷），視為會同時衝擊個體與其所處環境的事件。而事件本身可能是單一的或多重的。事件可能是使個體產生心理困

擾的近因或遠因。相當值得注意的是,如果沒有明確的單一事件或一連串事件,就不會有危機或創傷的存在。譬如,精神分裂並不是危機或創傷;然而,在處理此心理失調的早期階段與知悉診斷的結果後,可能會對病患的家人構成一項危機。

受到危機或創傷衝擊的個體,可能是眾多相同處境者中的一位,或是獨自一人,以及是直接地或間接地受事件的影響。喪偶狀態可能不僅是對死去丈夫的婦女構成危機,對她的子女而言亦是如此,他們不但失去了父親,而且今後必須面對生活環境與經濟上的重新安排,以適應這項改變。同樣地,在爆炸中受傷的人是創傷事件的直接受害者;同時,旁觀者與目擊者也可能受到嚴重的影響。一個人不必出現在事件現場,只須在傷害事件之後的片刻,目睹自己的親人受傷,就能遭受到創傷壓力(Nolan & Ur-sin, 1982)。雖然家人與整個社會都可能會立即受到單一事件或一系列事件的影響,我們在此基模中特別採用個體(individual)這個用詞,以強調每一個人在事件中的特殊經驗,以及每個人在表達他們的想法與情緒及處理危機與創傷上的獨特性。

對受衝擊的個體而言,其環境中最重要的部分就是其他的人。雖然助人者記錄了危機或創傷在環境中所造成之結構或機能上的改變(一個受創的家庭、因退休而失去工作職場、為一個新障礙空間增設斜坡與把手),值得強調的是在個體的危機時刻其他人所扮演的角色,包括助人者自己,他們如何做反應(或迴避做反應)。其他人是支持的?侵擾的?有所要求的?獨斷的?或是沉默的?雖然危機事件所呈現的是令當事人苦惱的情境,其他人所形成的環境可以被視為具有使該煩惱惡化或減輕的功能。助

人者必須了解，他人環境的本質與類型會決定對個體帶給該情境的，以及對忍受事件之類型的因應結果。事實上，在創傷的情況下，其他人所形成的環境，因潛藏著有害性，而被稱為「二度創傷」或「無故的衝擊」。

　　那些受到危機與創傷衝擊的人們，通常會在自身周圍建構**安全區域**（Bloch,1991; Lindy, 1986）。由於習慣使然，以及出於焦慮，他們為自己的生活領域劃上界限，只有某些特定的人才能進出該區域。不知是有意或是無意的，選擇性的某些人可以介入他們的感受與窘境，而其他的人（對他們而言是不明就裡的）則被摒除在外。有些時候，所謂的安全地帶是有形的，譬如，一位遭受過暴力襲擊的受害者，他的家就如同一座小型的城堡：不僅每扇門均上兩道鎖，而且要從每個門走出房子外面都需要一把鑰匙（Bloch, 1991）。對一位極度緊張、有時幾近瘋狂的受害者而言，亟欲了解究竟發生了什麼事情，也是相當常見的現象。危機或創傷在定義上的特性是，缺乏認知上的參考架構，並且伴隨著在嘗試獲取有用的參考架構時之挫折感。此時，人們通常會立即轉而尋求過去曾經對他們有助益的資源，但是往往會發現這些助力現在已經不管用了。因此，部分的危機與創傷反應是以下這類一直存在的疑問：「為什麼？」「為什麼是我？」「為什麼是他／她？」另外一種常見的危機與創傷反應是回顧自己的行為：「如果我是這麼說，而不是那麼說，又會是怎麼樣？」「假如我是這樣子做，而不是那樣子做，會是如何呢？」個體安排一個假設的自己，以企圖消除正在製造強烈痛苦的事件。此類對行為的回顧可能是一種防衛機轉，用以獲致可以控制實際上無法掌控之

事件的錯覺。

對危機與創傷事件的反應，是對不尋常情境的正常反應。它們包含了跨越各年齡層的想法、感受與行為，以及分屬成人、青少年與兒童特有的反應。在往後的章節中，我們將會探討不同發展階段所特有的反應型態。

值得一提的是，有許多隨著危機與創傷而來的矛盾反應。一般人或許不會將這些反應與遭遇痛苦事件及情境聯想在一起，然而它們確實發生了：

1. 當危機一旦終止並獲得解決之後，仍很難自其間解脫出來；一種放棄或厭倦的感覺，相對於與處理危機有關的能量及腎上腺素之釋放。

2. 對於在危機期間，必須將例行工作與角色責任暫時停止或委託給其他人，感到沮喪與煩惱；對於日常生活中較為繁瑣之事的警覺性更加提高。

3. 正向的感受，如自信、成就感，甚至是克服困難阻礙的陶醉感；當感受過於極端時，有時會導致過度自信、判斷錯誤，以及對別人沒有耐心。

即使危機或創傷已經結束了，某些殘存的部分，包括上述這些矛盾的反應，可能會明顯地出現在受過影響的人們的行為中。對於危機或創傷事件而言，並沒有一個明確的終止點。可能經過數年之後，個體對一項重大的、造成混亂的經驗所導致的衝擊，發展出了新的觀點；也可能會有另外的危機或創傷發生，附加在先前的危機與解決狀態上，因而改變了個體的行為表現。助人專家所觀察到的只是一小片段的時間、一個人、一個明確的事件，

以及一個周邊的環境，而個體是其中不可或缺的一部分。與個案
針對該片刻的時段進行協談，在他或她的心靈旅程中陪伴著，這
樣的歷程往往會在一個任意的時間點上結束。至於究竟須花費多
少時間與遭遇危機或創傷的受害者進行會談，此一問題在目前現
有的學術文獻中尚未得到滿意的解答。由於對受創者進行介入研
究有其先天上的困難，因此，危機和創傷方面之臨床及觀察所得
的資料，遠超過研究資料。由此可知，在對個案進行研究時，將
他們的復原視為一個你可以敏銳地給予協助的歷程，不論是在一
次的會談中，或經過數月的會談，如此是較為明智的。此歷程有
一項重要的目標是，協助個體由受害者的處境轉變為開始有重獲
力量的感受。

由受害到強而有力：浴火鳳凰現象

　　藉由來自個案們的生活及我們自己的生活所得到的經驗，讓
我們導引出浴火鳳凰現象，這是獲得力量的最終目標。如你所知
的，火鳳凰是一隻神話中的鳥，牠有能力使自己復活，從牠自己
火化了的遺骸中再度飛升。我們的研究顯示，生活危機或創傷的
衝擊，會引發正向或負向的反應，而此反應具有改變一個人之生
活方向的潛在影響力。

　　此歷程的一部分是，危機使得一個人重新去審視他的生活。
在這個轉折點上，某些人會發現他們的確是對危機發生前的生活
感到心滿意足，並且很珍惜它。這些人在危機發生之後，將會盡

全力以如同過去同樣的方式，重建他們的生活。然而，這可能並非總是行得通的，我們將會在下一章有關悲傷的討論中看到。Ursano、Grieger 與 McCarroll（1996）引用 Card（1983）、Sledge、Boydston 與 Rahe（1980），以及 Ursano（1981）的研究，得到一個結論是：「對某些人而言，創傷與失喪實際上是促使他們邁向健康的動力……一件意外的創傷事件，可能會成為受害者藉由重新調整生活價值與目標，以整頓其先前脫序生活的一個重心」（Ursano et al, 1996）。此外，Ursano 等人（1996, p. 444） 引用 Holloway 與 Ursano（1984） 的研究時，說道：「創傷事件似乎具有心理組織者（思想黏膠）的功能，就如同情感、認知與行為是在符號、環境或生物刺激之後被表現出來的。」

　　任何危機的情況，無論是失去所愛的人、罹患威脅生命的疾病，或一個家庭的瓦解，都會使受害者有「讓它回到以前的樣子」的願望。有這種反應的人們，在重新整頓生活時可能需要獲得支持與指引，即使他們只希望像過去一樣地過日子。然而，對其他人而言，危機的發生，使他們在潛意識中深感苦惱的某些生活因素被放大，而那些部分在先前可能並未被承認。對於這些人，如果能給予適當的協助資源，危機反而可以成為顯著且正向之生命改變的催化劑（我們將在下一章探討這些資源的範疇）。這種從危機中獲得成長的能力，就是我們所指的火鳳凰現象。我們將會在行文中一再地提到它。

關於本模式的結語

　　在個體生命中的任何時刻，他或她可能會經歷普遍性生命危機或創傷事件。此二者絕不會相互獨立，而且事實上可能會相互影響。例如，有關癌症衝擊的研究指出，對此類經驗的反應，很明顯受到病患所處之發展階段的影響，而一個人的年齡或發展階段，會某種程度地限制其對創傷事件之適應能力。一個人可能在受創傷打擊時，也同時經歷一次發展危機，例如，青春期危機。對某些人來說，創傷事件也可能促使存在危機的發生。有一個相當戲劇化的例子，就是在電影「辛德勒的名單」中的辛德勒一角。當他開始察覺到曾經被自己視為朋友的納粹黨之恐怖時，他便重新評估自己的性格，並且表現出完全不同的行為模式。

給讀者的話

　　在閱讀本書的其餘部分時，請試著將你自己置身於每一項經驗的可能情節中。這並不是變態心理學的課程，我們在變態心理學教材中的每一頁均要求你別診斷自己。而生活危機與創傷是不同的。它們可能也確實會在每個人的一生中發生許多次。當你愈能真正地了解與感受生活危機的經驗時，你愈能善於協助其他人處理危機。

參考資料

Bloch, E. L. (1991). Post-traumatic stress disorder: Treatment approach-avoidance—an illustrative case. *Psychotherapy, 28,* 162–167.

Caplan, G. (1964). *Principles of preventive psychiatry.* New York: Basic Books.

Card, J. J. (1983). Lives after Vietnam. Lexington, MA: Lexington Books.

Erikson, E. (1950). *Childhood and society.* New York: Norton.

Gilliland, B. E., & James, R. K. (1993). *Crisis intervention strategies* (2nd ed.). Belmont, CA: Brooks/Cole.

Holloway, H. C., & Ursano, R. J. (1984). The Vietnam veteran: Memory, special context and metaphor. *Psychiatry, 47,* 103–108.

Lillibridge, E.M., & Klukken, P. G. (1978). *Crisis intervention training.* Tulsa, OK: Affective House.

Lindy, J. D. (1986). An outline for the psychoanalytic psychotherapy of post-traumatic stress disorder. In C. R. Figley (Ed.), *Trauma and its wake* (Vol II, pp. 195–212). New York: Brunner-Mazel.

Nolan, V. E., & Ursin, E. (1982). Negligent infliction of emotional distress: Coherence emerging from chaos. *Hastings Law Journal, 33,* 583–621.

Sledge, W. H., Boydston, J. A., & Rahe, A. J. (1980). Self-concept changes. *Archives of General Psychiatry, 37,* 430–440.

Ursano, R. J. (1981).The Vietnam era prisoner of war: Precaptivity personality and development of psychiatric illness. *American Journal of Psychiatry, 138,* 315–318.

Ursano, R. J., Grieger, T. A., & McCarroll, J. E. (1996). Prevention of post-traumatic stress. In B. van der Kolk, A. McFarlane, & L. Weisarth (Eds.), *Traumatic stress* (pp. 441–463). New York: Guilford.

[第三章]

我們如何對危機與創傷做反應

本章大要

對創傷與危機的反應

　　我覺得自己像是著了魔似的。我所能做的就是在屋子裡一邊亂跑一邊狂叫。

　　　　　——珍，乍聞她的小女兒被綁架、強暴並殺害時。

　　時間幾乎是靜止的。我感覺自己是置身在慢動作影片中。

　　　　　——羅伯，於紅燈暫停時，在他的車子裡遭到槍擊。

他在這場火災後的兩年內，都無法重拾小提琴。

　　　　　　──安，在一場燒死一百六十五人的晚餐俱樂部大火的
　　　　　　　　晚上演出的一位音樂家的女兒。

　　十二月二十一日的早晨是我最後的快樂時光……那個以前從
未服用過比阿司匹靈更強烈藥物的我，現在卻由治療師支撐起
來，送服抗憂鬱症與抗焦慮症的藥劑。

　　　　　　──蘇珊，她唯一的小孩在泛美航空一○三班機的爆炸中喪生。

　　我無法太走近人群。我大都獨自一個人。我無法接受在一、
兩個月之後，人們一直對我說：「你應該走過這個傷痛，你應該
慶幸自己還活著，你永遠都可以建造一個新的房子。」沒有人了
解那兒所留下的回憶。

　　　　　　──泰莉，她在一場颶風中失去了她那住了三十年的家園。

　　在我內心深處的某個地方，即使我知道那不可能會是真的，
我感覺我將不會再害怕任何事。任何事都可能發生在我或我家人
身上，而我絕不會再害怕了。

　　　　　　──大衛，在一場墜機事件中生還。

　　醫生說，我妻子的癌症手術失敗，他們已沒有辦法再做任何
努力了。我感覺自己似乎置身在損壞的影片中，我身邊的每一個
人都是靜止的。

　　　　　　──詹姆士，一位癌症患者的丈夫。

　　那些對創傷事件與危機的反應，都是對不尋常情況的正常反
應。沒有任何事情可以真正地幫助一個人預備好面對這樣的事
件，也沒有什麼預測指標可測知任何特定的個體將會有多適當或

多激烈的反應。受害者呈現出一個常態分配的群體，總會包括分別採取溫和、中庸與強烈反應的人（Wilkinson & Vera, 1989）。有些受害者的反應很少，有些則出現相當多的反應。個體的整套反應可能在事件發生的數天內便完全表現出來，也可能在事件後的數月間慢慢地浮現出來。我們幾乎永遠無法預測誰會因應得相當好，而誰又會變成心理受損。然而，一般而言，大部分的創傷受害者是有能力運用他們自己的資源以及他人所提供之協助的，只有極少部分的人無法適當地復原，並且如果被診斷為患有創傷後壓力所致之身心失調，則更需要特殊的治療（American Psychiatric Association, 1994）。

　　雖然在天然造成與人為的創傷事件之間有許多相異之處，人們有一些相當類似的反應方式。有關於因嚴重壓力狀況而導致臨床症狀的最早記錄，大概就是描述西元一七六六年的一位法國軍官，他有一隻手臂癱瘓，並且有語言障礙，無庸置疑地是起因於對戰爭的恐懼（Wilkinson & Vera, 1989）。早期有關心理創傷的觀察資料，大多數是來自戰場，每一場戰爭都有來自士兵的照料者所帶出來的新用語。起初，對於這些症狀的觀察都是在優勢的醫學環境中進行。DaCosta （1871） 描述內戰士兵的心臟病徵狀；西元一九一九年，Lewis 在第一次世界大戰期間描述類似的症狀為「士兵之心臟與辛勞併發症」（Wilkinson & Vera, 1989）。 無疑地會出現頭暈目眩、心跳快速、極度戰慄、昏昏沉沉、手臂或手部內的刺痛感，以及盜汗等徵狀，之後，這些症狀亦出現在創傷壓力的一般性症候群的總括名單中。在第二次世界大戰期間，心理學基礎首度被應用在解釋各種與戰爭有關的症狀

上。戰爭神經症從此成為精神疾病治療的重點。

雖然我們早期有關創傷的觀察與檔案資料，大部分是來自作戰士兵的經驗，至於一般平民的創傷概念，則在二十世紀初，由火車意外事件受害者明顯的心理反應開始被認定。經過數年後，逐漸有由全世界數百樁創傷事件蒐集而得的臨床資料與研究，驗證了所有社會之個體對災難所共有的一連串反應與心理結果：

- 情緒的麻木
- 懷疑
- 睡眠不安穩、做噩夢、兒童的黑夜恐懼症
- 憤怒與暴躁
- 災難情景瞬間重現、強制性思考
- 悲傷
- 健忘與心不在焉
- 害怕「發瘋」
- 生還者的罪惡感；喪失對世界的安全感；對別人失去信任感；感覺生活失去平衡
- 酒精與藥物的使用增加
- 社交性退縮
- 易激動、心神不寧、神經緊張
- 痛苦的不適感；類似感冒的症狀
- 低估創傷意外的嚴重性
- 過度警戒
- 感覺羞愧、絕望、無助
- 感覺不會受傷害的；「渴望麻煩」

‧頭暈目眩、不斷戰慄、昏昏沉沉

‧心跳快速

‧麻醉感（Framer, 1990）

　　此外，經歷過一場打擊之後，受害者可能會在時間的知覺上有所改變（請參看本章一開始的例子），對細節有異常鮮明的回憶（飛機走道地面上的一顆釦子，在黑暗中抓到的外套袖子的質料），以及整體的、一種對自我認同的改變有無法再回復之感。災難的受害者已瀕臨此一邊緣：當他們回頭時，因為經歷過此次經驗而與其他人不再相同，因此感覺自己是局外人。

受害的概念

　　創傷事件之所以會造成受害者感受到創傷的原因何在？這大都須視事件的特性而定。定義上，它必定有導致死亡、嚴重傷害之虞，或對個人身體的完整具有威脅性。它可能是由個人目睹或聽到自己親愛的家人或同事發生此類的事件。個體受到傷害及心理受影響的危害程度，決定於與事件相關的因素，例如，事前缺乏預警、事件發生與否的不確定度與威脅期、於夜間發生、與事件地點的接近性，以及事後環境所存在的危險性（Myers, 1989）。特定的個人特質也會影響一個人對受創的感受。以前曾經受害過且尚未復原的人，於再次受害時通常會更痛苦。兒童，以及那些無法迅速逃離的人，包括殘障人士，往往會遭受很大的傷害。此外，出乎意料地，年老的受害者並未如一般所預期地，

比其他成年人遭受更大程度的傷害。男人與婦女的受害程度大致相當，雖然在我們的社會中，婦女較有可能表達她們的情緒及談論她們的遭遇。

受害的概念是建立在，經過一段時間後，所經歷到的許多知覺表象與移情式的情緒反應，並視個人暴露於創傷事件的程度而定。在此所指的暴露，是來自於直接的資訊（自己、家人、朋友或同事遭遇創傷事件），或間接來自大眾媒體，它通常以相當生動寫實的方式，教我們熟知所謂的受害者。有些受害者是令人鍾愛的，如多年以前的一場墜機事件中唯一生還的小孩。有些則是具有威脅性的（例如，查理士‧布朗遜在電影 Death Wish 中所演出的角色）。有些受害者較其他受害者容易被確認，端視意外事件及受害者個人對此意外的反應而定。有些受害者讓人對他們抱持趨近－迴避的矛盾情緒。而有些人則受到批評：「當大家都因颱風警報而紛紛撤離時，他們怎麼還能待在海邊的房子裡呢？」部分有關受害的概念認為，受害者有時必須對他們自己的不幸負責。一般而言，兒童受害者不在此列。

受害狀態與無助感是兩個相互連結的屬性，但實際狀況是更為複雜的。雖然受害者可能在許多方面是無助的，但他／她未必總是被動的。受害者可能是憤怒的、克己自制的，或是身體上與情緒上波動及活躍的。同樣地，受害者也可能是沉默的或是健談的、冷靜的或是歇斯底里的、果斷的或是優柔寡斷的（Bloch, 1987）。兒童與成人們均以各種類型的方式來因應及表達他們的感受與經驗，以下就是一些受到戰爭危害的兒童所講述的例證：

　　這是什麼？這是什麼？是地震嗎？是開玩笑的嗎？我好
害怕。一陣陣大砲的巨響聲。轟隆隆作響。這是戰爭。

　　黑色短劍向我迎面而來。我正往深淵裡掉落。

　　這真的是一場戰爭。大火正在我的房子裡延燒。一顆子
彈射中了我的背部。血液迸湧而出。我嚇得毛髮豎立，恐懼
猛然向我襲擊而來。

　　我常常走進一個奇幻的世界。我眨著眼睛。我是一隻小
小的鴿子。我正在飛翔……我帶著一個訊息：和平，願大家
和平（A. Barath, 1993 年 4 月 12 日的私人談話；Barath,
1994）。

　　受害的概念，隨著在受害者研究上日益增進的專業經驗，而
逐漸發展與改變。由於有關個人特質與特定受創類型間如何交互
作用之實徵知識，正在逐漸增加當中，使得受害概念有所改變，
而此交互作用將導引出終生的受害感或存活感。助人專業工作者
在此可扮演一個重要的角色，即協助受害者改變其經常持有的刻
板印象式觀念，由自認為必然會有長期的無助感，轉變為自己是
可以擁有力量的。能夠熟知創傷反應方式的一些發展方向，對助
人專業工作者的研究工作是相當重要的，因此，現在我們將嘗試
針對其中一些發展方向進行了解。

危機與創傷反應的決定因素

　　沒有人會刻意去決定他們將如何對生活危機或創傷做反應。一個個體的反應決定於他的性格類型、經歷過的生活經驗，以及觀察世界的角度。同時，理智層面的認知定見，以及某種無意識的兒童時期已定型之思考傾向（childhood decision），也會影響個體的反應。所謂的認知定見被定義為：「嚴守著不隨環境而修正的信念」（Langer, 1994, p.28）。它們為我們在覺察世界及對世界做反應時所採用的方式，形成一個基礎環境。而這些全都有助於個案在一開始時，便能評估有何潛在資源可運用於對危機做反應。

因應方式

　　Richard Lazarus（1983）在壓力與因應上的研究，在此會有很大的幫助。Lazarus 的研究結果顯示如下：

　1. 人們對壓力的承受度有個別差異。

　2. 人們面對逆境時的抗拒力是有個別差異的。

　3. 人們擁有不同的因應能力。

　　Lazarus將心理壓力與因應，視為持續性的個人與環境關係下的產物。他認為，個體在面對著一個具有潛在壓力的情境時，便

進行一項認知評估：個體依據個人對情境處理的腹案，及對自己可用資源的了解，以評估將會發生什麼狀況。他發現三種評估方向：

1. 傷害或失喪的評估（我受到傷害了）。
2. 威脅性的評估（我可能會受到傷害）。
3. 挑戰性的評估（我可以這麼做：著眼在成長上）。

　　以上這些評估作用也常出現在危機與創傷個案中。很明顯地，對此評估的反應，端賴個體目前所擁有之個人的與人際的資源清單內容而定。當我們論及資源時，通常將它分為四個方面，即內在資源、人際資源、社群資源以及精神資源。

　　個體的變通性，以及對外尋求支援的能力，是決定一個人之因應技能的重要因素。它們也會影響一個人在覺知有威脅性的情境時，將之視為一種威脅或是一項挑戰。有趣的是，當個體感受到自己缺乏適當的外來支援或變通性時，危機情境可能會顯得無法抵抗且具破壞性。然而，如果個體能夠主動接近它們，那麼那些外來支援或許是隨手可得的；如此一來，危機情境便有可能被視為一項挑戰，而非威脅了。正如我們所知，這種尋求所有個人可用資源的能力，很可能是決定於個體在兒童時期所習得的判斷模式，或者是**認知定見**，它將一個人局限在一種特定的世界觀中。一個有關認知定見如何產生作用的例子是，人們遵守他們自幼習得的行為規範與價值準則的程度，例如「叉子要放在盤子的左邊」（Langer, 引用自 McCarthy, 1994）。對於這個世界的預期看法，在創傷與危機中會受到嚴重的動搖，而變通能力及改變自己的期待是很重要的。

抉擇

Simonton-Mathews 與 Creighton （1980）在他們那本內容吸引人、有關癌症治療之個人介入的書中，帶給我們一項重要的領悟。他們如此告訴我們：

> 兒童時期的經驗，決定一個人想要成為的類型。我們大都會記得在小時候的某一次，父母做了我們不喜歡的事情時，我們在內心默默發誓：「等我長大以後，我絕對不會那麼做。」或者某次，有某個同年齡的人或大人做了什麼令我們敬佩的事時，我們在心裡默許，將來如果可以的話也一定要那麼做。這些小時候所下的決定中，有許多是正向的，並且對我們的生活是全然有助益的。另外有許多則不然。其中有些是在遭遇創傷或痛苦經驗之後所下的決定。例如，假使小孩看到他們的父母參與可怕的抗爭，他們可能會下定決心認為表達敵意是不好的。結果，他們便為自己定下原則，規定自己必須永遠是好的、愉悅的與快樂的，不論他們真實的感覺如何。（p.61）

Simonton的觀念與認知定見的概念非常相近。他們認為，當一個人將自己局限在這些決定中，並為自己立下嚴格規則的同時，會嚴重限制自己因應壓力的能力，尤其當面對的是一連串複

雜的壓力源時。他們的結論是，當個體感覺自己因應壓力源的能
力受限時，一個可能的結果就是發展成癌症。即使所有的研究均
顯示，一個人若能善於運用各種不同的因應形式（亦即變通能
力），便是位有效因應者；然而，我們在危機與創傷研究工作
中，仍經常會很挫折地看到，個案對情境嚴守單一的反應模式。
我們坐著聆聽一個人詳述他所使用的各種因應方法，而它們在本
質上只是同一種反應模式的重複表現罷了。我們自問：「為什麼
這個人沒有聽出自己在抗拒考慮其他的選擇？」我們可能發現自
己正在想：「如果遇到這個情況的人是我，我將會怎樣怎樣做，
而且會很快地感覺好過些。」我們必須了解究竟是什麼使得一個
人以某種方式做反應，以及是什麼使得他／她不採行另一種反應
模式。

　　由於陷入危機的個體是人，因此本質上與專業人員沒什麼不
同，所以專業人員可以利用對自己處置方式的認識，以協助他們
更加了解並做更適當的反應。我們任何一個人如何因應，以及是
否決定對一個困境做反應，通常與 Simonton 稱之為個人的**兒童時
期的決定**之概念有關聯。當我要求學生回顧自己兒童時期的經
驗，看看其中是否有特別的一句話，反映出他們兒童時期對於如
何向世界做反應所下的決定時，他們提出了相當多的句子。以下
是其中的一些例子：

　　‧要堅忍到底。

　　‧要堅強，永遠不要抱怨。

　　‧我自己可以辦得到。

　　‧生氣是不好的。

- 我不准失敗。
- 我是個生還者，什麼事都可以做。
- 我已經活過來了，不應該再有什麼要求。
- 一定會有人幫我。
- 無論我要做什麼，上帝都會為我預備。
- 你無法蒙受其他人的照顧。
- 一直談論它。
- 事情總會完成的。
- 它是預定要發生的。
- 別人的問題優先。

　　想像一下你正身處在一個自己的房子剛被吹走的情境。你急需別人的幫助。然而你兒童時期的決定，可能會使你打消這個念頭。於是，為原本已承受過度壓力的心靈，增添更大的衝突。在這些話語中，有一些像「一定會有人幫我」及「一直談論它」，是允許自己向別人尋求協助的。而其他像「要堅忍到底」、「要堅強，永遠不要抱怨」及「我自己可以辦得到」等話語，使一個人無可避免地感覺必須獨力處理每一件事。還有一些像「別人的問題優先」，則是強制自己應該去幫助別人而不是自己。有些像「一直談論它」的語句，是允許自己開放地表達情緒的；而其他像「生氣是不好的」，則明顯不然。有些話語是允許變通的，而有些則是將個體限定於一個僵化的局面。

練習 3.1：個人的經驗

　　本練習之注意事項：如果本練習是在課堂中以一對一分享的方式進行，則必須遵循某些傾聽的基本原則。請留意被充分聆聽時的愉悅感受，並且試著讓自己對你的同伴是真正有助益的。有一個方式或許可以協助你做到，即預先準備好你想要如何敘述你的個人經驗，並且記錄下來。如此，你便可以集中精神聆聽同伴的談話，而不會分神思考當輪到你時要說些什麼。

練習 3.1A

　　請回顧一下你的童年生活。在你的腦海中是否記得，有什麼語句是有關你認定要如何面對這個世界的，或者更明確地是你預定要如何面對困境。它是一句允許你向他人或某項外力尋求協助的話語（例如，「無論你做什麼，上帝都會幫助你」）呢？或者是限制你對困境之因應的一句話（例如，「大男孩是不哭的」）？給你自己片刻時間想想這句話。然後將它寫在下欄中。

_____

_____

_____

_____

_____

練習 3.1B

回想最後一次在你生命中所發生的重大變動。它可能是你在學校或工作環境中關係的改變。它可能是失去某個對你而言很重要的人或物，或是有失去之虞。合上你的雙眼，讓你的心智回到你生命中的那段經驗。想想看，發生了什麼事，以及你對該經驗的反應。你是否容許自己向別人求助，或者認為必須堅忍到底。對於這個經驗你有何感受與想法？

_____

_____

你對此情境做了什麼反應？

_____

_____

這些反應、感受和想法，與你在上面所列出之兒童時期決定的語句有何關聯？

_____

_____

你所採行的因應方式是成功的？____ 還是不成功的？____
如果是不成功的，做法為何？_____

_____

它是否容許你運用必要的變通能力，以便有效因應該情境？

_____

當初你必須如何做，以允許自己嘗試其他的因應方式？____

你所採用的方式，容許你對外尋求支援的程度如何？＿＿＿＿＿

在你所處的變動時期，是否感受到適當的支持？＿＿＿＿＿＿

你需要感受到更多什麼樣的支持？＿＿＿＿＿＿＿＿＿＿＿＿

你必須如何改變你的內在想法，以便更易於獲得支持？＿＿＿

容許自己尋求外援，對你而言將會是如何地困難？＿＿＿＿＿

　　在你的內心思索以上這些問題，將會使你體察到，究竟是什麼因素，影響個體在面對危機情境時所採行的個人反應模式。如果你是在課堂中進行此項練習，若能先與你的同伴分享彼此的反應方式，然後再與團體成員討論這些經驗，將會對你頗有助益。如此一來，你可以再一次看到，希望大家也能重視的，人們所擁有的大量個別差異，甚至更加了解你在處理危機與創傷時所可能遭遇的各種反應。你同時也可以看出，即使你知道有效的因應必須具有變通性，然而要將它自我們內心引發出來，卻經常是相當困難的。

危險因素

　　讓我們來看看，個體面對危機或創傷時之反應的其他決定因素。危險因素的來源有許多種，包括與個人有關的、與角色及角色重疊有關的，以及與事件有關的危險因素。

與個人有關的危險因素

　　面對強大壓力的個別反應，因個體或個體在危機期間，其生活中所呈現出來的特有危險因素而有所不同（Myers, 1989）：

1. 年齡與發展階段。生活經驗的技能層次與程度可能是一種危險因素。以兒童為例，他們無法了解發生了什麼事並加以合理化，而且缺乏描述自己經驗的口語能力；或者就老年人而言，他們可能有身體上或心智上的障礙，因而影響他們對外求助及使用現有資源的能力。

2. 健康狀況。健康情形差、最近才生過病，或是心智上的疾病，可能阻礙醫療的獲取，特別是在天然災害與災後期間。

3. 殘障。行動能力、視力、聽力，以及說話能力的受損，可能使一個人陷入窘境，而無法獲得復原所需的支援。

4. 預先存在的壓力。近日的工作變換、財務面臨窘困、居家的搬遷、家庭組織的變化，以及生活上種種的問題，都可能因為壓力的累積與社會支持系統的減損，而增加危機的發生

率。

5. 先前受創的生活事件。創傷事件的成功處理，可能會為個體形成因應的力量與生存的技能。處理結果的失敗或情緒反應未獲疏導，則可能會使個體流於出現不當的因應行為，以及對當前的壓力源產生強烈的情緒反應。

6. 社會支持系統的力量。社會與心理支持系統的缺乏或喪失，會使個體陷入危機。

7. 因應技巧。如前所述，因應技巧欠佳或因應行為不當（例如，酗酒過度）均顯示個體正處於危機之中。

8. 自己與別人的期望。家庭成員需要照顧（例如，年幼的小孩、健康情形出問題的親人）可能會增加受害者的壓力。個體的努力一旦沒有成功，那麼，高度的自我期許會使其陷入自覺失敗與失落的困境中。此外，受害者在創傷事件期間與之後的反應方式與行為模式，經常是出乎他自己所能想像的。

9. 家庭成員的狀態。如果家人在危機期間分離，那麼，試圖將他們團聚在一起的努力，可能會為個體帶來重大的壓力，有時甚至可能會是傷害。

10. 民族與文化環境。語言障礙可能會使個體陷入險境，並阻礙他們在創傷事件中獲致或運用設施及救援的能力。新近的移民會使個體缺乏家人或社會的支持。

11. 個體的職務與事件間的交互關係。當個體的職務與創傷事件是相關的（例如，航空交通管制人員在墜機事件現場執勤；醫師不經意發現自己正身處災難現場），那麼，該個體便屬

於潛在的高危險群。

12.對事件的認知與解釋。個體對事件如何知覺，將影響其經驗壓力的程度及因應的有效性。舉例而言，個體如果相信自己犯了錯，便會感受到嚴重的罪惡感與沮喪（引自 Myers, 1989）。

以上有關個體陷入危機之危險因素的描述，雖然不是一份完整而詳盡的清單，卻已隱約可見個人變項的複雜性，它影響人們對危機與創傷的反應方式。值得注意的是，任何一位個體可能對其生命中所出現的各種危機，採取完全不同的反應方式。關於這個現象，我們將在之後的第四章與第五章有關評估與介入的主題中加以討論。有關介入的問題尤其重要，因為即使個體過去對生活危機的反應模式，或許可導引出該個體在目前危機中的行為表現，但它絕非一項穩定的指標。我們非但必須評估個體所特有的危險因素，而且必須將這些因素置於每位個體在危急事件中所扮演的角色背景中，再予以評估。

與角色及角色重疊有關的危險因素

當我們想到陷入危機的人們時，我們會對那些受苦的個體感同身受。我們同時也試著去理解那些對人們可能具有打擊威脅的事件，以及那些有時無法預知、莫名其妙，或者甚至轉而在我們的生活中威脅我們的事件。

當我們擴大對陷入危機情境之個體的了解範圍後，另一個向度則變得明顯了，亦即，在危機情境中，個體扮演個人（通常是

普遍性的）角色或是職業角色，或者兩者均是。

　　一旦我們列舉出那些大體上關心事件的人們所可能扮演的角色時，對危機或創傷事件的了解範圍是大於立即受害者的。所有的創傷事件與某些特定的危機，會引發出與角色有關且衝擊著受害者的活動。相對地，受害者也會以自己特有的方式對那些體現角色的活動做反應。我們或許可以將一項創傷事件區分為兩個不同的時期：衝擊與衝擊後；以及第二階段衝擊。在這些時期中，可能會分別出現下列角色：

時期一：衝擊與衝擊後

　　受害者

　　目擊者

　　旁觀者

　　準醫療人員

　　醫療人員

　　救援單位（警察局、消防隊、特定單位）

　　媒體（記者與攝影師）

時期二：第二階段衝擊

　　紅十字會（及其他服務機構）

　　心理衛生專家

　　神職人員

　　停屍間人員

　　葬儀社業者

　　醫療人員

　　政府調查組織

　　大眾傳播媒體

　　刑事人員

　　檢察官

　　律師

　　政府官員

　　保險公司及其經紀人

　　對於這些角色的了解具有雙重的重要性。其一是，受害者對危機事件的體驗，有部分是決定於他們與具備這些角色的人們之互動及對其做反應的結果。他們的創傷或許會因一位滿懷同情心的神職人員，或是一位決定不予播報的電視記者，或是尋獲走失兒童的旁觀者，而得以減輕。然而，也可能由於一些專門趁機敲竹槓的律師、保險索賠申請的長期拖延，或是強行介入而令人厭煩的新聞記者等因素，而使得受害者的創傷更為加劇。有些受害者因無力對抗一個緩慢而不健全的審判系統，以致遭受二度傷害，因而對法官、檢察官以及辯護律師產生怨懟。

　　其次，那些具備許多以上所列角色的人，都有可能成為危機事件的次級受害者，以及助人者介入處理的目標。與直接受害者所面臨的狀況相同的是，壓力事件有時會引發次級受害者強烈而負面的情緒反應。他們在扮演各種角色時，往往是冒著產生適應不良反應的危險：看見怪異的景象（例如：屍塊）、聽見刺耳的聲音（尖叫、哭號）、聽著受害者繁瑣的不愉快經驗、由於長時間缺乏替換人員而精疲力竭、被指派協助一項不熟悉的職務（例如，心理衛生專業人員被要求協助麻醉，或是陪同生還者繞行臨時停屍間以辨認親人的屍骸）。而如果他在危機事件中所扮演的

是管理或監督的角色，則必須處理其他人的一般性壓力。有時也會發生角色重疊的現象，而損害個人的情緒安寧。例如，一位在一九八九年舊金山大地震期間，毫無間斷地持續播報的電視新聞人員，相當感人地描述她當時的經驗：困頓疲乏、對自己生命安全極度恐懼，以及在一個燈光微弱、消息雜亂、且伴著間歇性餘震的播音室裡，必須保持鎮靜地報導整個事件的艱難景況（Yeh, 1990）。

在危機事件期間，個人所扮演的角色，有時是與其職業角色無關的。這些角色的訊息往往透過印刷媒體與電視傳達給我們，而且很可能非常普及。其中最為明顯的當然是受害者的角色，它是由多種行為所形成的（Bloch, 1987）。而另一個是英雄角色，即是將受害者從災難中救出的人。許多曾經為了救人而危及自己性命的人，否認自己是英雄，他們對自己的行為別有一番見解。在波多馬克河的一次冬天墜機事件之後，一位旁觀者見狀隨即躍入結了冰的河中救出一名婦女。當被問及其冒險行為時，他只是回答：「上帝說：『Eeny, meeny, miney, mo, 而你就是 mo。』所以我就跳進去了。」旁觀者和目擊者一樣，都是相當重要的角色，兩者皆能全然地掌握整個事件，並且完整地描述出來。英雄人物、旁觀者及目擊者都可能成為次級受害者，因為經由他們親眼所見與親身經歷的情景，使其遭受罪惡感、焦慮及其他狀況（例如，做噩夢）的困擾。經常有英雄－受害者角色重疊的現象出現，而造成個人內在情緒緊繃，尤其是當別人的反應均著重在他的英雄表現方面，而忽略其受害者身分時，所造成的情緒困擾更大。此時，個體將會感覺被迫必須以相對的方式回應，而壓抑

且克制住自己受創的壓力反應。

　　最後，對助人專家而言，個人角色與職業角色間所可能產生的交互作用是頗值得注意的。個人的受害者、英雄、旁觀者或目擊者等角色，可能會對其原有的職務或工作職責造成短暫或甚至長期的負面衝擊；然而，當此職務是在危機事件期間所擔任時，其影響可能會更為嚴重。有一位小提琴手，他是一九七七年比佛利山莊晚餐俱樂部被大火燒毀前最後一位逃離的樂師（這場大火燒死了一百六十五人，包括許多他的樂師同事），在這場災難之後的兩年期間，他拒絕再拿起小提琴來演奏。此外，為了避免有人輕忽個人職務、工作技能的重要性，在同一場火災事件中還有一個更有力的例子，即一位原本已安全逃離俱樂部的樂師，之後又返回火場，只是為了取出他的樂器箱，因而死在他以前經常演奏的房間內（Lindy, Green, Grace, & Titchener, 1983）。

與事件有關的危險因素

　　除了個人內在的與人際間的向度，以及個人在危機事件中所扮演的角色之外，事件本身的某些特質，在復原的過程中亦佔有決定性的分量。每一個事件都有其獨特的性質（某個地震絕不會與另一個地震完全相同；某一次工作意外也不會與另一次工作意外相同，即使是在同一個工作地點發生的）。然而，其中有些特質對人們造成心理衝擊的可能性較高。在其他條件都相當的情況下，危險因素愈高的事件，個體愈無法成功因應當下的情境，以及後續的狀況。

這裡所謂的危險因素包括：

1. 缺乏預警。在完全沒有預警的情況下所發生的災害或生活危機，會造成極大的心理衝擊。

2. 突兀的景象。現實世界中猝然出現令人無法理解的改變（例如，飛機的殘骸及屍體竟然墜落在一個陽光普照而平靜的鄰近地區），會加重經歷者的創痛感。

3. 單純的場所。當創傷是發生在娛樂的、輕鬆的、遊戲的場所（例如，凱悅行政特區空中步道在舞會進行中倒塌；San Ysidro 的麥當勞餐廳大屠殺）。

4. 災害的類型。蓄意的人為災害通常會比天然的災害更具殺傷力。

5. 破壞源的性質。如果傷害的成因是清楚明確而為人所熟知的（例如，一條會定期氾濫的河流），它所帶來的心理困擾將小於那些肉眼看不見、而其影響力卻無法預知或會延宕出現的有害來源（例如，化學物質或放射線）。

6. 不確定性的程度與威脅的持續期。不知災害是否會再度發生，或是產生更深的傷害，以及嘗試救援後的結果如何等高度的不確定性，其所造成的創傷，將比那些結果相當明確而可預知的危機事件來得嚴重。

7. 發生的時間點。通常，在夜間發生的災難事件，比白天發生者所造成的心理困擾大，這是由於一般人在黑暗中，較難以確定自己身處危險情境中的區域與危險性。

8. 事件的影響範圍。傷亡愈重，所導致的心理衝擊愈大。

9. 個人的損失與傷害。損失（自己受傷、親人傷亡、失去家庭

或工作，或是個人重要而有意義的物件等）的程度與失喪的持續期，皆是危險的重要因素。

10. 與事件的接近性。無論是個人的損失或傷害，個人身處的地點與事件現場的相對距離是很重要的（例如，在狂亂的屠殺中躲藏起來；目睹自己的鄰舍被暴風雨摧毀，而自己的家園則安然無恙；在電視上觀看一場戰爭的蔓延）。一般而言，愈接近災難現場，所承受的危險性愈高。

11. 創傷的刺激。長期或大範圍地接觸死傷的人；嬰兒或兒童的死亡；以及不尋常或悲慘的景象、聲音或氣味，這些均會增加創傷事件的衝擊力。

12. 人為的過失。被認為可以預先避免的創傷事件，可能會引發受害者強烈的情緒反應，而使其難以成功地因應及復原（引自 Myers, 1989）。

大致而言，會帶來最大心理危害的危機事件，通常是突如其來的、有性命威脅的，以及人為造成的。

摘要

除了個人的因應風格與技能，人們在面對危機情境時所做的抉擇——尤其是兒童時期的決定與個人的行為準則、將事件視為對個人心理統整的威脅或挑戰，以及某些重要的危險因素，在在都會影響人們如何對危機與創傷做反應。所謂了解一個人的經驗，即是指將這些危險因素列入考慮。各種向度的危險因素（個人的、與角色相關的，以及與事件相關的），被視為可能會引起

適應不良的因應行為。我們在前文曾經提過，遭遇過危機事件的人口分佈是呈現常態分配的。若能熟知上述危險因素的效應（在適應、克服及復原方面），將有助於我們更能感知並預測一個已知的個體在何處可能會落入如此的分佈中。

　　人性就是如此，有些人儘管置身於所有嚴重的危險因素中，仍然因應得很好。這就是為什麼對於危機反應之決定因素的預測，無法依循單一的公式，而必須運用創意。而專家的腦中便掌握有許多變項因素，並且非常善於傾聽個人的經歷。

失喪的現象

　　失喪通常是危機受害者所遭遇的主要現象。失喪往往意味著分離，而且視危機事件的性質而定，分離可能是暫時的，也可能是永遠無法回復的損失。分離的焦慮是一種人們生命初期所經歷到的最原始的恐懼。當母親消失在嬰兒的眼前，不再為它而存在時，嬰兒的反應表現可以由顯得非常吃驚地睜大眼睛，到驚慌地哭號。長大成人之後，我們已經漸漸能夠習慣各種分離（因為在分離之後通常伴隨著重聚），並且有時是很痛苦地適應各種失喪。在嚴重的危機中，可能是一位親人的死去；或是，一位受傷的親人失去了身體的完整性或往昔的自己；或者是，失去了自己的家園、工作環境或學校。有些事件在發生過程中，使得一些不可替代的財產受到損害或喪失，例如，紀念品、家人的相片、家具等，而它們通常只有在失去之後，才會因為關乎著我們與自己

及個人過去歷史的連結性，而顯示出其意義的重大。在經濟危機中，一份極為簡短的通知可能就確定你要失去工作與收入，連帶突然要與工作夥伴及每天穩定的例行工作分離。可能的失喪亦包含一些無形的現象：對世界之安心與安全感的喪失、失去先前的自信與獨立自主的感覺，以及對其他人之信賴感的急遽下滑。失喪同時是一項危機事件的危險因子，以及一種個人對傷害的認定，它通常會導致危機受害者最大程度的痛苦。

生活變遷模式

　　桃樂西是一位相當成功且迷人的四十八歲婦女，她來到我的辦公室，在說明來訪的原因之前，先是一陣淚眼婆娑。她一再擦拭著淚水，最後才說道：「他離開我了。我從一次旅遊中返家，發現他的衣櫥已經搬空了。他甚至從來不曾提起過，只留下一張紙條告訴我他已經搬走了。長達二十五年的婚姻，兩個小孩已經長大。我們在一起做每一件事，建立了一個非常成功的事業、旅遊、玩樂、一同過日子，現在他卻走了。我無法理解，為什麼會發生這種事？」之後，她便陷入絕望而悲慟的啜泣中，久久無法停止。

　　由電話另一端傳來的聲音說道：「我是洛莉的好朋友，我知道她正在接受你的心理諮商。我只是認為你應該想要知道，在幾個小時之前，她的丈夫自殺了。」在打電話給洛莉，確定她可以接受這個事實之後，我跑到她家去。只見她沉默地坐著不動，如

同行屍走肉。

　　在第二章中我們討論過遭受危機時的初期反應：否認（當作沒發生過）及消除（當它是過眼雲煙）。我們也曾描述，每個人都費力地隨處帶著象徵性的防護泡泡，藉以避開無法預期的危機所可能帶來的恐懼。

　　當這個防護泡泡一旦破裂，而個人也經歷過震驚、否認與取消等初期反應之後，又將會如何？專家如何能預見得到，某人開始在與危機纏鬥，而該危機已完全破壞他的生活，並且擊潰其解決及因應問題的能力感？

　　我們一再極力主張，個體會以他們自己獨特的方式對危機作反應。然而，其中有某些特質經常出現的程度，足以將它們歸類於一個共通的結構模式中。

　　我們發現有一個模式，有助於協助其他人度過生活危機，即Bridges（W. Bridges, 1976年10月22日的私人談話）對生活變動的相關談論。最初是由一位名為 Van Gennep 的民族誌學者於一九〇五年所發展出來，我們的生活經驗正映照出對生活危機所作的反應。它可分成三個階段：悲傷、慌亂，以及一個全新個體的再度展現。

　　當您閱讀這本書時，可試著回想您過去生活中最近一次的變動，或許就是您在練習3.1B中所使用的例子。看看您是如何對這變動的三階段作反應的。

悲傷

　　在前一節中，我們提到失喪現象所帶來的衝擊。在 Van Gen-nep（1960）模式中的第一階段——悲傷，是一種失喪感的情緒表現，而在現今文化中，對許多人而言它是很難被認可的。悲傷普遍被認為是一種結果，而非開端。不過，悲傷是源自危機或創傷的必然過渡現象。社會習俗教導我們要忽視悲傷或期望它消逝。然而，無論該危機是正向的轉變或負向的損失，總不免有些悲傷。人們第一次面臨危機狀況時，總會想著「讓它變成昨日雲煙」，因為在現實生活中，昨日是永遠不會再出現的。在一個標榜諸如「微笑，這個世界就會跟著你笑」此類金玉良言的社會裡，對悲傷的支持是難以被接納的。在危機侵襲前的我們已經消失了。我們必須承認，我們原來所擁有的某些部分將不復存在，有些角色將不再屬於我們了。即使該危機是正向的，屬於發展上的，悲傷仍然是應當的。畢業，使個人中止慘澹的學生生活中苦樂參半的經驗；結婚，則是對平靜的單身生涯做最後的告別。第一個小孩一旦出生，結婚初期那種自由而無負擔的生活頓時便成了歷史。一次生活的轉變造就了此一事實。生命就是如此，它將永遠不會回到原來的樣子。這就是我們在第二章的結尾所指出的，有些時候，你的生活已經無法回到與危機發生前完全相同的樣貌。而此事實使得有必要認可失喪、捨棄、哀傷及悲慟。這種哀傷必須被認可為成長危機中的痛苦，而非病狀。它是媒介，由此將再度出現一個轉變中的生命。它是生命力暫時陷入黑暗中所

產生的痛苦。生命力仍然存在，但是必須被淨化後才能再度展現。

由於在我們的社會中悲傷是被盡量避免的，所以通常都過於快速地施以藥物治療。這點由我們大多數的人都過度鎮靜的現象，便可反映出來。悲傷使得我們周圍的人感覺自己很重要，因為助人者一旦竭盡所能地為悲傷者取得了處方，便容許自己與其想像中的專業力量再度連結。不過，這種由於變動／危機／創傷所引發的悲傷，是一種真實且必要的哀慟，一種重要的淨化式告別，一種與那些不再出現在我們生命中的事物做了結的感受。

危機與創傷工作者必須學會輕鬆地面對悲傷並寬容它的表現。他們必須各自探索自己的生命歷程，以了解他們對處理哀傷的感受。或許你是在一個充滿痛苦的家庭中長大，而你所扮演的角色是取悅者或是使悲傷盡可能地遠離。如此可能為你自己的需求預作了準備，以便能不計任何代價地使個案露出笑容，免得自己有失敗的感覺。又或許你是生長在一個沒有人會表現出悲傷、沒有人曾經哭過的家庭裡。你可能私下會認為，那些放任自己耽溺於悲傷的情緒或不斷落淚的人是弱者。以上這些反應，沒有一項對你的危機與創傷處理工作是有助益的。你必須探究自己真實的反應，並且培養耐性，以寬容其他人的悲傷。這絕不是意味著要你轉變成一個完全複製弗洛依德的面部表情。不要害怕你自己的悲傷反應。在危機與創傷處理工作中，和你的個案們一同落淚並非是一種罪過。這只會有助於增強個案痛苦感受的正當性。它對個案們表明了，即使你堅強而有能力，能夠在這段困難的時期給予他們力量，然而同時，你也能認同他們的痛苦。如果所處的

環境及個人本身均能寬容與接納痛苦的感受，那麼，身陷危機中的個體將會以他們自己的方式度過悲傷。

桃樂西與洛莉，除了在她們的防護泡泡破裂時處於驚嚇的狀態，亦各自以自己的方式經歷了悲傷。而桃樂西也經歷著下一個階段的慌亂。

慌亂

Van Gennep 模式的第二個階段是**慌亂**。這個用詞本身是指受驚嚇的意思。人們常常將它與發狂、頹廢或其他負面的心智狀態聯想在一起。慌亂是另一個使人們感覺不舒服的領域，對助人者與個案皆然。不過，助人者必須學著容忍慌亂的表現。

有位同事曾經說過，慌亂是學習的開始，而事實通常也正是如此。不過，與其由這個角度來看慌亂，你或許寧可將它視為引發一種失控感，某種可能在你內心深處感到恐懼的感覺。或者，它可能會使你懷疑個案是否神智清楚。此時，同樣地，你也必須培養輕鬆看待這種人們不尋常狀態的能力。

有時，慌亂可能會與悲傷同時發生。Bridges（W. Bridges，1976 年 10 月 22 日的私人談話）是如此描述這個階段的：「這種感覺不同於懷念某種被留在過去的事物，或是害怕眼前即將面臨的未來。這是一種處於**存在的鴻溝**中，全然而且絕對的孤獨感。」

如果讓你回顧生命中幾次必須做決定的時刻，你一定會記得，早在你知道自己確實想要什麼之前，你已經知道自己不想要

什麼了。而且，即使這些時候或許令人覺得混亂與困難，你可能
仍然寧願能有如此充裕的時間與空間，容許自己探究各種選擇。

　　當一個做決定的時刻突然降臨在你身上，使你無法預做準
備，你將被迫只能知道你會永遠失去什麼，你真正不想要什麼。
你可能會深覺自己掙扎地前進，或許因為失去方向感，而迷失在
一個未知的地方。你可能自覺像個失去沙袋的汽球，而那種飄到
未知地方的可能性是非常嚇人的。這就是 Bridges 所謂的「存在
的鴻溝」——沒有舊的沙袋可以依賴，也沒有未來的目標可以預
見，只知道過去的狀態已不復存在，並且尚未見到一條明確的道
路或新的方向。

　　雖然在危機處理工作的所有階段中，支持都是非常重要的，
然而在慌亂階段期間尤其不可或缺。或許在此時，生活危機與創
傷之間的區別變得最為明顯。因為創傷通常會引起大眾的警覺，
而受害者可以感受到來自他人對其經歷的公正對待及確認。如此
一來，支持的要素之一已然存在，而介入處理便是以團體經驗分
享及其他技巧來達到利用此特性的效果。然而，二級介入可能必
須著重在個別的需求上，而且那種「其他人可能都比我還善於處
理這種情況」的恐懼感，可能又會再度浮現。在普遍性的生活危
機中，會有一種由孤獨所產生的較為明顯的「我一定是瘋了」的
意識。而且由於一般而言，第一階段的介入是針對個人，因此第
二階段的介入如果能在一個擁有相同經驗的群體中進行，可能會
最有助益。由此可見，由生活危機的存活者所組成的支持團體是
相當重要的，例如，酒精中毒的匿名者團體、鰥寡配對計畫、單
親父母團體等等。

在這個階段，個案們因為自己的生活陷入一片混亂而感到**驚慌**，並且害怕自己可能是瘋了。此刻的當務之急是，協助個案將生活中所有穩定的現狀持續下去，因為這些對他們而言可能不再是顯而易見。你此時的角色，便是協助你的個案集中注意力在那些仍然存在的穩定事物上，因為正值驚惶而混亂的時刻，個案無法專注於未來有什麼是可能或不可能發生的。在這段期間，孤獨會促使害怕發瘋的恐懼感更加嚴重，這是來自於害怕在別人面前顯露出瘋狂或慌亂。你的個案可能深信，世界上其他每一個人都能以更沉穩的態度處理這種狀況。當此之際，確認性支持的存在是絕對重要的，這種支持便是來自你這位助人者，以及朋友、親人或是你協助鼓動的熟人（以及來自社會大眾）所給予的支持系統。而支持的適當性在此時期尤其重要。

失喪、慌亂及憤怒

我們常常會在憤怒中看到失喪與慌亂。在遭受失喪時的各種表現中，通常沒有一種像憤怒般強烈，或對協助者造成同樣的困擾。憤怒的個體內心感受麻木，有時顯得不理性，偶爾會有自我毀滅的現象。如果我們能夠看到憤怒、痛苦與悲傷背後所隱藏的焦慮，又如果我們能夠聽到那些來自小孩的驚恐哭號聲，我們便是設身處地真實體驗這種情緒。我們可以看到受害者極力想要傷害及毀滅那些造成其損失的人事物。助人者此時相當重要的工作是引導受害者了解，他們並不擔憂受害者的毀滅衝動，只是受害者個人想法與感受的特點必須挖掘出來。以下是一則治療實例的

部分節錄，將可對此加以說明。其中，治療者是第二次與一對年老的夫婦進行晤談，他們的三十歲女兒被綁架、強暴及謀殺。嫌疑犯已經被逮捕並拘留：

妻　　：如果沒有人去殺掉他，我的丈夫就很有可能會去做。而這正是令我害怕的事，我不希望他跟著他們走。妳看，監獄在街道的一邊，而法院則在另一邊，所以他必須穿越馬路，那是非常危險的。

治療師：你想要去殺掉他（這個假設是直接對丈夫說的）。

夫　　：我很想。

治療師：嗯⋯⋯

夫　　：就像扳起電椅開關，我會是第一個去扳起開關的人。

治療師：妳認為他會去做嗎？（受害者可能會否認，因此這個問題是指向其配偶。而受害者接著會以受挑戰的口吻回答。）

夫　　：妳認為我不會？如果是妳出了事情，妳的父親會不會？他會不會這麼做？

治療師：很難說，很難說。我知道他會有什麼感受。至於他會怎麼做就不得而知了（治療師表達能體會受害者的感受，但是對他的反應則無法確知）。

妻　　：妳知道，處於憤怒與挫折時，妳會做出許多妳平常不會⋯⋯，我，一個平凡的人，過著平凡的日子，當暴力事件發生時，妳不會知道那個人是怎麼回

事。他們變得完全放縱，而做出平常不會做的事。

夫　　：妳不必告訴她那些，我想她是知道的。

治療師：是的，而且身上帶著槍是很常見的反應（治療師此時相信受害者身上有槍，於是以此假設做試探）。

妻　　：喔，是的。

治療師：人們開始帶著槍，等待機會。

夫　　：唔！當 FBI 告訴你……

妻　　：我告訴他不要氣得……

夫　　：「S 先生，」他說，「我身上有槍。」「如果我是你或其他人，我會告訴他們要帶著槍。」當 FBI 這麼告訴你時，你就會開始懷疑究竟會出現什麼情形……我的意思是，你是否必須在腿上綁一支槍，然後帶著它到處走。

治療師：那你的槍放在哪兒呢？（治療師反對讓不安的感受存在，因而試圖將它挑明來談。）

夫　　：我還沒有開始帶槍。

治療師：你在家裡放了一把？

夫　　：噢！我有很多把……我對槍很有研究，在海軍學的。我擁有的槍是可以裝上輪盤的。它們的火力大到足以轟掉一整部車。

治療師：機關砲。

夫　　：就是機關砲，沒錯。

　　遭受失喪所隱含的意義也是助人者所必須面對的。對受害者

／存活者而言，如果與損失對象之間的關係並不是和諧或愉快的，失喪可能是一種矛盾的感受。因此，個體除了哀傷之外，可能會表現出羞愧或罪惡感。這些情緒表現全都被視為無法避免的悲傷過程的一部分。在悲傷的過程中，往往會出現慌亂、不確定、痛苦及挫折。助人者必須樂於引出及忍受那些沒有現成答案的疑問（「為什麼會發生在他身上？發生在我們身上？」），以及答案超出個人知識與專業範圍的問題。在肯塔基比佛利山莊晚餐俱樂部的大火災後，一位精神科醫師陪同一名存活者，在陳列於附近一處臨時停屍所內的屍體中尋找她的親人。她對他說：「請告訴我，人們的靈魂在他們去世以後是否會直接上天堂，或必須停留在此地？」這位精神科醫師沉思著，自忖這是一個理論性的問題，對此他還沒有完全準備好如何回答，雖然他察覺到這名婦人自己也心知肚明，不過無論如何就是想要一個答案。於是他便回答：「我確定靈魂會直接升到天堂。」這名婦人因而很明顯地安下了心，並且很感謝這個答案（L. Spitz, 1978 年 2 月 20 日的私人談話）。

　　在上述老夫妻的心理治療節錄內容中，丈夫與妻子兩人都在與「為什麼？」這個問題搏鬥：

夫　　：……我只是認為，我們的女兒在錯誤的時間點上處在錯誤的地方。

妻　　：但是為什麼？為什麼？

夫　　：它可能發生在妳或其他任何人身上。

妻　　：但是我仍然要問為什麼。

夫　　　：那麼我不知道為什麼。我沒有辦法告訴妳為什麼，
　　　　　而且也沒有任何人可以回答妳為什麼。

治療師：妳的疑問是為什麼。什麼事情為什麼？妳能說得更
　　　　　明確一些嗎？

妻　　　：為什麼會發生這種事？

治療師：為什麼它會發生？

妻　　　：它發生的理由是什麼？

治療師：對她？或者對妳？

妻　　　：對她。不，是我自己的話我可以解釋，但是我不想
　　　　　看到她。她一定已經下到地獄去了。她必須去。

治療師：所以為什麼她的……

妻　　　：為什麼是她？

治療師：而且不是……

妻　　　：不是其他人。這，這，我這麼想是殘忍的，但為什
　　　　　麼在那個時候是她？我永遠無法理解。我永遠無法
　　　　　從她或任何人那兒得到答案。她或許是快樂的，我
　　　　　並不知道。我不知道究竟有沒有天堂。我質疑很多
　　　　　我現在不應該懷疑的事情，因為我從小被教導信奉
　　　　　上帝，但是如果上帝想取走她，應該會有更快速、
　　　　　更容易的方式。不會是這種殘酷的方法。

　　以上短文說明了，在歷經創傷經驗的部分過程中，引出了個
案對生命基本信念的疑惑。許多作者曾經描述過的中心信念之一
是**公義世界**。危機或創傷瓦解了對公義世界的信念基礎：人們如

何對危機做反應，最後將仰賴他們所覺知到的新型態世界，以及他們在其中所處的位置，尤其是與其他人的關係。

認同

　　這是 Van Gennep 變遷模式中的第三階段。在經歷過悲傷與慌亂之後，一個新的認同感將開始慢慢浮現。身陷危機的人將逐漸展現出一種全新開始的感受，也就是一個新的自我形象。當危機衝擊一個人時，感覺就像一個巨大的內在痛苦的火山口。漸漸地，緩慢地，傷口痊癒了，一次一點點地。正如一位個案所說：「我無法相信，現在一天之中會有幾小時的時間，我真的可以完全不去想它。」當一個人的全新自我確實出現時，他或她將會時常想以各種公開的方式展現它。我經常看到人們在這個階段改變他們的名字，或者要求別人以新的頭銜稱呼他們。當這個新的認同開始展現時，你做為協助者的主要工作便完成了。然而，這不會是在一夕之間成就的。欲達到這個目標，助人者必須對曖昧不明的狀況，保持耐心、體諒、堅定的希望系統，以及良好的包容力。一位個案最近說道：「起初你只知道自己不是什麼，然後你知道自己是誰。」

　　新的認同階段與創傷反應中的「征服」階段之間，也有相當的關聯性。「征服」的概念表示，在經歷過受創後的療傷過程之後，常見的現象是，個案們開始扮演起領導角色，以協助其他受害者療傷。例如，一位強暴受害者可能會帶領一個性侵害存活者的成長團體，或者，愛滋病患者可能會與政策倡導團體合作，鼓

吹開放新的愛滋病醫療藥物，等等。

練習 3.2：悲傷與慌亂

1. 回想你在練習 3.1B 中所採用的變動時期。在你對該變動所做的反應中，你能辨識出悲傷與慌亂時期嗎？
2. 你對「悲傷」的悅納程度如何？
   在你自己內心的＿＿＿＿＿＿＿＿＿＿＿＿＿＿＿＿＿＿＿
   在別人內心的＿＿＿＿＿＿＿＿＿＿＿＿＿＿＿＿＿＿＿＿
   它在你內心引起什麼反應？＿＿＿＿＿＿＿＿＿＿＿＿＿＿
3. 你對「慌亂」的悅納程度如何？
   在你自己內心的＿＿＿＿＿＿＿＿＿＿＿＿＿＿＿＿＿＿＿
   在別人內心的＿＿＿＿＿＿＿＿＿＿＿＿＿＿＿＿＿＿＿＿
   它在你內心引起什麼反應？＿＿＿＿＿＿＿＿＿＿＿＿＿＿
   先一對一討論，再與全班一起分享。

　　如果你無法悅納自己或別人內心的悲傷或慌亂；如果你有將它們清除的需求；如果你在與悲傷或慌亂的人相處時，會經驗到焦慮或害怕，你將必須進行大量的個人作業，以培養出對這些感受狀態較好的容忍力。身陷危機的人心思特別敏感，而且內心不愉悅的程度很高。他們需要助人者的協助是，再次確認他們目前所經歷的，正是走在個人人生變動階段的目標上，而不是草草了事罷了。遭受危機的人都有一段極困難的時期，為害怕自己可能

「瘋了」或是「崩潰」的恐懼而內心交戰，沒有任何來自協助者的絲毫暗示，告知他們的感受必須予以排除或快速處理掉。我們的任務是協助他們加快度過危機的步伐，不過仍尊重這些感受的基本特質，並在危機受害者能夠往前邁進之前，允許它們有時間與空間被表達及經歷過。

兒童的特殊需求

我們已同時描述過成人與兒童對危機的反應。然而，在不同的發展階段，兒童需要不同型態的介入，並且依序做反應。正如成人的情況一般，先前的生活經歷可能是兒童對危機做反應的一個重要危險因素。國立創傷後壓力失調中心（the National Center for Post Traumatic Stress Disorder）的 Bruce Hiley-Young（1992）發現：「雙親離異或分居的兒童……所遭受的症狀（來自創傷）更為嚴重。這些兒童應當獲得特別的關注，而且我們建議未來的社群介入，有必要將目標投注於這個高危險群上。」

兒童對其所處環境的改變非常敏感，尤其當改變已嚴重到必須離開他們的家庭，即使只是暫時的，或者是母親或父親離開家庭的時候。很典型的狀況是，兒童的行為是最有可能使你警覺到他們正面臨著困難的，因為他們通常不會用語言來表達這些感受與想法。而且，兒童也最有可能表現出每天甚至每分鐘都在改變的感受（Perez, 1990）。

以下所列的指南（Perez, 1990）應有助於了解兒童的特殊需

求。

學齡前（1 — 5 歲）

這個年齡層的幼兒，特別容易由於其日常生活與環境的變動而受到傷害，因為他們是最需要依賴其他人的照顧與協助的。而與最初照顧者的分離，對他們所造成的影響可能更是嚴重。不僅如此，這個年齡層的幼兒，缺乏可用以因應此類情況的心智、語言或情緒的技能。

這個年齡層的幼兒對下列情形會有所回應：

· 增加關注
　　——肢體的接觸（擁抱、親吻、握住手）
　　——實際的一再保證
· 受到傾聽
　　——受到老師或日間照護人員的協助與關注

兒童早期（5 — 11 歲）

這個年齡層的兒童最有可能表現出退化的行為模式，包括尿床、吸吮拇指、使用諸如毛毯或填充式動物玩偶等代償物件、哭鬧、啜泣，以及黏人等。他們也可能會拒絕重回學校或其他的活動，而且他們也會開始更有攻擊性地與兄弟和朋友打架。

這個年齡層的兒童會對下列情形做回應：

· 增加關注

- 堅決而體諒地強迫及協助其重回正常的活動
- 用他們可以理解的字眼教導他們，自己的家人發生了什麼事
- 鼓勵他們表達出自己的感受（恐懼、悲傷、失喪）

前青春期（11 － 14 歲）

在此發展階段，同儕關係與團體的影響是很重要的。這個年齡層的孩童比較能夠表達自己的感受，也較能理解危機情況。清楚而直接的危機訊息與事實對他們是有用的，只要此訊息是以孩童可以理解的方式加以徹底談論過。

前青春期的孩童需要：

- 一再的保證，使其安心
- 家庭與學校對他們的期待暫時降低
- 鼓勵他們
   加入其他人的活動
   從事身體活動
   談論他們的感受

青春期（14 － 18 歲）

這個年齡層所關心的事物，與其同儕的興趣緊密聯結。在他們身上經常可以看到退縮、孤立與沮喪。他們也可能變得較缺乏責任感、較苛求、反抗心強，以及好競爭。他們可能感到挫折，

且對出現在他們生活中的成人有怨懟感。身體的不適是相當常見的。

青春期的青少年需要：
- 談論他們的感受與挫折
- 鼓勵他們重新參與活動，與朋友們維持社交往來
- 危機情境的相關教導
- 鼓勵他們積極與家人聯絡

青少年也能由創傷經驗的儀式中受益，同時可以鼓勵他們創造自己的儀式。例如，有一所高中，一位備受愛戴的年輕學生在車禍中喪生。他的朋友們聚集在一起，花了一整天的時間，做了許多他生前最喜好的活動，包括徒步旅行等戶外活動。之後，他們自己舉辦追思禮拜，在儀式中談論這位朋友，並敘述他們對他的感受。最後，他們以敘說「過好自己的生活，就是對他的死去表示敬意的最佳方法」，結束這場儀式。當這個年齡層的青少年選擇採用象徵性的表達方式時，給予他們支持，是非常重要的。

參考資料

American Psychiatric Association. (1994). *Diagnostic and statistical manual of mental disorders* (4th ed.). Washington, DC: American Psychiatric Press.

Barath, A. (1994, August). *The children speak: Art and poetry from the Croatian war*. Invited address presented at the annual meeting of the American Psychological Association, Los Angeles, CA.

Bloch, E. L. (1987, August). Victim-bystander behavior: Learning new roles from television newscasts. In E.L. Bloch (Chair), *Television as a creator of social crisis attitudes.* Paper presented at the annual meeting of the American Psychological Association, New York, NY.

DaCosta, J. M. (1871). On irritable heart: A clinical study forum of functional cardiac disorder and its consequences. *American Journal of Medical Sciences, 61,* 17–52.

Framer, M. (1990, August). *When the earth stopped shaking: Psychologists' role in disaster relief.* Invited address presented at the annual meeting of the American Psychological Association, Boston, MA.

Hiley-Young, B. (1992). Trauma reactivation and treatment: Integrated case examples. *Journal of Traumatic Stress, 5,* 545–555.

Lazarus, R. (1983). *Cognitive theory of stress, coping, and adaptation.* Cape Cod Seminars: Eastham, MA.

Lewis, T. (1919). *The soldier's heart and effort syndrome.* New York: Horber.

Lindy, J., Green, B. L., Grace, M., & Titchener, J. (1983). Psychotherapy with survivors of the Beverly Hills Supper Club fire. *American Journal of Psychotherapy, 37,* 593–610.

McCarthy, K. (1994). Uncertainty is a blessing not a bane says Langer. *APA Monitor, 25*(9), 28.

Myers, D. G. (1989). Mental health and disaster: Preventive approaches to intervention. In R. Gist & B. Lubin (Eds.), *Psychosocial aspects of disaster* (pp. 190–228). New York: Wiley.

Perez, J. (1990). *Responses to prolonged stress and trauma.* Unpublished document adapted from "Operation Homefires." Los Angeles: Lifeplus Foundation.

Simonton, O. C., Simonton-Mathews, S. T., & Creighton, J. L. (1980). *Getting well again.* New York: Bantam.

Van Gennep, A. (1960). *Rites of passage.* Chicago: University of Chicago Press.

Wilkinson, C. B., & Vera, E. (1989). Clinical responses to disaster. In R. Gist & B. Lubin (Eds.), *Psychosocial aspects of disaster* (pp. 229–267). New York: Wiley.

Yeh, E. (1990, August). Reporting live from San Francisco: Anchoring news of the earthquake. In L. Porché-Burke (Chair), *Victims of natural disasters: Aftermath of the San Francisco earthquake.* Symposium conducted at the annual meeting of the American Psychological Association, Boston, MA.

第四章

介入的原則與模式

本章大要

- ·危機介入的定義
- ·一般性取向
- ·一個概念性架構
- ·其他介入模式
- ·我們的模式
- ·模式的討論
- ·應避開的陷阱
- ·練習 4.1
- ·協助助人者
- ·適用於創傷社群的介入模式
- ·創傷的小團體介入模式

危機介入的定義

　　儘管每一本有關危機介入的教科書，對這個主題都有各自的定義，然而，我們認為 Parad 與 Parad（1990）所下的定義是最為周全的：

　　　在混亂不安時期，一種積極主動地影響心理社會運作的

歷程，以減緩具破壞性的壓力事件所帶來的立即衝擊，並協
助受到危機直接影響的人們，活化其明顯的與潛伏的心理能
力及社會資源（而且通常是社會環境中的重要人物），以便
能適當地因應壓力事件所造成的結果。臨床心理師介入主要
目的有：

- 立即或緊急地進行情緒與環境急救，以緩衝壓力事
  件，以及
- 在因應時期，經由立即的治療性澄清與引導，增強個
  人因應與統整的努力。（p.4）

一般性取向

　　我們將在本章介紹的介入模式，談及協助者與個案間的基本
交互作用歷程。這些歷程適用於處理發展上的變動危機或天災，
以及個體是獨自一人或出現在群體中。

　　在創傷事件中，如同在危機中，個體的基本需求是相同的。
隱藏在危機介入與創傷壓力的短期治療法背後的原則是，個體的
症狀不宜被視為人格退化或解離的徵兆。首要的目標是協助個
體、配偶及家人度過有壓力的變動時期，並且加強及教導他們可
能需要用以處理未來壓力的技能。此模式相當切合受害者對自己
的認知：他們自認為是需要協助的人，而不認為自己患有心理疾
病。

　　個體需要有機會盡其所能詳細而完整地描述所發生的事件。隨著敘述活動的進行，會有更多細節浮現，而其他的則被排除。在過程當中，應該加入反駁的策略，而不須迴避，除非如此一來會對受害者或他們周遭的人造成立即而嚴重的傷害（Bloch, 1991a）。絕對不要為了使受害者安心，而將統計上的機率（會再度發生在你身上的機會是百萬分之一）提出來做為保證。由受害者自己的心理立場來看，一旦曾經發生過的事，就永遠有可能再度發生。這種自我概念在治療上是一個有用的焦點：自我的一部分已經受到傷害或喪失了；各種自責的心態，以及如何有建設性地運用這些狀態，在未來有助於保護自己及其他人（Frieze, 1987）；以及捨棄自我的某些部分，例如，不會遭受到傷害的自覺。受害者在治療過程中的部分工作包括了，學會對重新給予定義的全新自我加以熟悉。有很多受害者述說，他們的親友們向他們保證，總有一天他們會「回到過去的自我狀態」。然而，悲劇事件一旦發生之後，一切是不可能再回復的，而自我也總是會有所改變的。

　　我們應該鼓勵受害的個體致力於增加自身力量，以及採取復原的行動。有些人參加同儕支持團體，或者在社區團體中演說他們的經歷。其他人則保存雜誌報導與剪報。有些人寫文章或投書給報紙。一位犯罪事件受害者的親密好友，在她給地方報紙的投書上，表達了她對刑事案件司法體系的憤怒：「我期待有這麼一天，這兩名嫌疑犯會被宣判為冷血的謀殺者……把他們當做少年犯只發出了這樣的訊息：把槍放在任何一個十八歲以下的青少年手裡，並且教唆他們開槍殺人，這是可以被接受的。」有些受害

者開始投入立法與政治的努力。那些子女被汽車安全氣囊衝擊致死的父母們團結一致，向社會大眾公開說明他們所遭受到的損害，並確保適用於兒童安全氣囊的相關法律與管理法規的修改。還有人提出論點，認為在治療上應與律師有所接觸，以便協助追查訴訟。在治療環境中，受害者在表達廣泛的情緒、幻想與行動計畫時，必須有充分的安全感。具創造力的表達方式、自我信賴，以及與其他願意傾聽與了解的人們接觸，這些行為都應該一直受到鼓勵。這些個體所表現的，就是我們在第三章所介紹的「支配」概念。幫助別人或說出自己的經驗，有助於他們自己的復原。

一個概念性架構

　　大多數的助人專家會以一種或以上的概念架構為基礎，對個案進行理解與回應。一般而言，傳統的臨床評量工具，例如DSM-IV（American Psychiatric Association, 1994）或其他診斷工具，便扮演這種角色。然而，正如我們在整本書裡一再重複的，我們將會在危機與創傷情境中見到的人們，他們的表現是在對**情況**做反應，而不是**病症**，這使得那些判斷標準的適用性降低。不過，概念架構在釐清助人者的工作，並使其更有成效上，是相當重要的。

　　在評論各類介入模式之前，我們將介紹一個學生與開業者公認很有幫助的架構。儘管所有的人們是生而平等的，然而他們也

都是獨特的。雖然我們一直很注意獨特性與個別差異，我們還是能夠從中發覺到某些一致的認知、情感與行為模式。對於這些模式的辨識，可以為助人者提供一個概念組型。當我們在討論關聯、評估或歸因階段的介入時，將可看到這種組型的價值所在。

Lillibridge 與 Klukken（1978）的擴張－收縮之連續性理論，引導我們以寬廣的角度來觀察那些在介入過程中，很可能會面臨到的兩極端的行為、認知與情感。由於了解其間的差異，助人者得以澄清何者為正當的反應，以增加其適切性。許多臨床師平時會自動地進行這類修正，然而在危機情境的壓力下，往往會忽略這方面的注意。運用這個方法，專業人員可以依個體的需求，採取較為適切的反應方式。

請記住，雖然在圖表上的每一個特質，均分居每個向度的兩端，事實上很少有人是單純屬於某一極端的。學生很可能會發現，自己或她的個案是居於線上的某個中間部位；然而，了解連續線段兩端之預期行為間的差異是相當重要的，因為兩者需要助人者採取不同的處理方式。當我們開始討論介入模式與介入技巧時，學生們會發覺，將這些概念記在心中是很有用的。

經由這個連續性取向，你會開始察覺，有關廣泛性的方法與技巧的知識是很重要的。此時，人類個別差異的幅度再次受到重視。身為一個助人者的你，如果在你的弓上只有一根弦，或者甚至只有一小把，你所能提供的助力將受到極大的限制（參見圖4.1）。

危機受害者在**認知層面**上的特質將涵括：

擴張的＿＿＿＿＿＿＿＿＿到＿＿＿＿＿＿＿＿收縮的

擴張的特質：

- 思想解離
- 思緒混亂
- 非常困惑

收縮的特質：

- 全神關注問題
- 沉思
- 強迫性（分神的）

其對助人者的需求分別是：

- 釐清思緒
- 明確的
- 確認問題

- 建議可行的變通方法
- 解決問題

在**情感層面**上的特質為：

擴張的＿＿＿＿＿＿＿＿＿到＿＿＿＿＿＿＿＿收縮的

- 過度情緒化
- 未控制情緒的表達

- 壓抑感受

其對助人者的需求分別是：

- 嘗試以認知運作專注在特定的感受上
- 協助以任何方式表達感受

在**行為層面**上的特質為：

擴張的＿＿＿＿＿＿＿＿＿到＿＿＿＿＿＿＿＿收縮的

- 對加害者做出過度不當的行為

- 癱瘓
- 不活動
- 退縮

其對助人者的需求分別是：

- 現實取向地解決問題
- 協助激發其行動、做事

圖 4.1 擴張－收縮之連續性（Lillibridge & Klukken, 1978）

在第 115 頁，您將發現一些練習是特別探討您在此一連續線兩端的反應型態。我們的建議是，您可以個別做這些練習，也可以在團體中，或者在班級裡進行。

其他介入模式

許多屬於本領域的作者與研究者已經發現，自行發展模式將有助於表達其有關介入歷程的想法，進而有利於教學。我們曾經學過的模式中，有許多在某些程度上是相互重疊的，不過，每一種模式都會使我們增加一些新的了解。我們將簡要地列出那些我們認為最適當的模式，然後再描述我們自己的模式，它整合了一些其他人的模式，以及累積我們在此領域研究多年的看法所發展出來的。參考文獻列於本章的結尾。假如您有興趣更詳細地探討其他的模式，將可提供您相關的資料。

在此我們引用 Roberts（1991）、Gilliland 與 James（1993）、Puryear（1981）以及我們自己的研究，以統整出我們認為重要且有效的要素。

Roberts 的模式非常有助於我們的理解，並且為危機介入方式提供了一個良好的基本取向。然而，由於其中未包括性格型態的差異分析，如 Lillibridge 與 Klukken（1978）所提出的，因此未能完全符合我們概念化模式的需求。Roberts 模式的內容摘要如下：

1.進行心理接觸並迅速建立關係

2.檢視問題的向度並加以界定

3.鼓勵進行感受與情緒的探索

4.發展並探究變通方式及特殊的解決方法

5.探究並評估過去的因應作法

6.透過行動計畫的完成以恢復認知功能

7.追蹤

Gilliland 與 James 的模式

Gilliland 與 James（1993）的模式因了解危機處理工作者本身為情境所帶來之個人特質的重要性，故在危機工作者的功能上納入了其他重要的因素。其中，包括了個人的認知、生活史、過去經驗、文化背景、創傷經歷，以及個人的成見等。這些因素都是非常重要的，因為沒有任何一個人可以如同自動化機器人一般，或是完全處於白紙狀態。

危機工作者是帶有過去經驗的，這些經驗包含了個人的、人際的，以及文化的歷史。儘管這些過去經驗通常會為它的擁有者造就出獨特的感受性，然而也可能改變一個人的認知習慣，同時形成盲點——即個人觀點中被那些經驗所遮蔽的區域。

雖然在此領域中的一些專家學者可能會相信，生活經驗本身自然會為個人提供一種對危機問題的獨特理解，然而相對地，這些經驗也可能留給工作者過多的尚未處理的情緒涉入，或是先入為主的潛在偏見。因此，我們不相信，例如，曾經有過酒精中毒或亂倫經驗的人，便能理所當然地成為酒癮或亂倫的諮商輔導

員。除了在任何心理衛生領域接受過適當的訓練外,大多數的心理諮商工作必須是由那些擁有創傷經驗者來從事。每一位工作者必須充分了解他自己的盲點,以便洞悉其個人的限制,進而能做出適當的反應。每一位工作者也應該了解自己在何種情境下是無法有效助人的,同時也應該知道自己正處於盲點區域中,接著他必須將個案轉介給他的夥伴。以一位心理學者的情況為例,她在幼年時期目睹了自己的兄弟發生意外死亡。有好幾年的時間,她對於幼年死亡的問題一直感到困擾,而必須將這些個案轉介給同事們。最後,她努力進行治療,反而成了處理這類個案的專家。另外一些我們所研究的學生告訴我們,由於他們自己的生命中曾經歷過嚴重的創傷,例如戰爭的經驗,因此他們無法對那些他們認為較輕微的創傷感到同情。所以,當播放一個大學生因被她的一位朋友離棄而自殺的情節給他們觀看時,他們並不會將之視為一種危機情境。還有一些則在暴露於別人經驗的情境時,他們自己過去的經驗會跟著逐漸浮現,而使自己察覺到長期壓抑著的創傷經驗。在我們研究的班級中,有一位學生在示範憤怒的非口語表達方式時,腦中突然瞬間重現幼年時嚴重的受虐情景。其他人則是對強暴及亂倫的景象產生這類反應。

　　Gilliland 與 James 模式的概要如下:

　1.區辨個別差異

　2.自我評估

　3.對個案的安全表達關懷

　4.提供個案支持

　5.盡早界定問題

6. 考慮替代方法

7. 規畫行動步驟

8. 運用個案的因應耐力

9. 注意個案目前的需求

10. 運用轉介資源

11. 發展及運用支援網絡

12. 獲致委託承諾

Puryear 的法則

我們發現，Puryear（1981）所提出的模式，是在本領域的教學上最為有用的一套理論。或許因為它是最早也是最完備的，使我們發覺它非常有用。當你再往下閱讀後將會發現，它仍然有某些缺漏之處，然而在我們的整合模式中已試圖對此做了修正。Puryear 法則的概要如下：

1. 立即介入

2. 行動：主動參與，並指導進行情境評估及行動計畫之具體化

3. 限定目標：最小的目標是避開災禍；基本的目標則是重建希望與成長

4. 希望與期許：以個案合宜的態度與期待對情境逐漸注入希望

5. 支持

6. 集中焦點式的問題解決：決定問題所在，然後進行適當的規畫並設計行動步驟

7. 增強自我概念

8.激發自我信賴感

我們的模式

　　我們借用了上述這些模式的某些概念，將它們與我們自己的理念整合後，形成下列這套介入原則。我們的模式納入了先前所述之同事的大部分研究所得，並加入自己理論架構中的兩個層次。第一個層次是關係形成－評估－轉介／反應的一般性模式，其次是我們改編的擴張－收縮連續向度。

關係形成－評估－轉介／反應

　　我們將**關係形成**因素再細分為兩類：態度上的與技能上的。關係形成的態度層面將貫穿整個介入模式的三個層次，亦即關係形成、評估與轉介。這些概念連同技能的關係形成概念，將在下文中加以定義。技能的概念所包含的層面有問題的界定與解決、行動與活動、尋求支持網絡等等。技能的關係形成可能會在評估階段達成後才開始進行。

　　我們模式的概要如下：

關係形成

A. 態度的關係形成

　1.建立初始關係及營造安全的環境

    2.以擴張－收縮為基礎調整關係取向；鼓勵收縮型個案做情緒反應，擴張型個案則鼓勵其進行認知方面的表達

    3.檢視你自己對情境與個案的反應

    4.適度前進，並在必要時轉換（反映事實－前進－轉換）

    5.視為正當且正常化

    6.尊重個別與文化差異

    7.營造充滿希望的氣氛

    8.避免漠視個案的感受

    9.覺察被暗示性

B.技能的關係形成

    1.強化力量，並提升個案的自尊

    2.激發自我信賴感

    3.界定你自己所扮演的角色

    4.釐清問題，並展開問題解決

    5.探索個案過去的因應能力，以增強自我形象

    6.教授一套新技能、因應機制或方法

    7.共同設計活動

    8.支持

評估

    評估

1.急迫性

2.嚴重性

3.反應的適當性

4.創傷經驗前的狀況

5.資源

　・內在的

　・外在的

　・社群的

　・精神上的

6.嚴重性與資源的適配狀況

轉介

1.社群資源

2.其他專業人員

模式的討論 ▬▬▬▬▬▬▬▬▬▬

態度的關係形成

　　你所處理的個案可能正面臨著混淆、麻木、重大壓力、恐懼，以及無法抗拒危險之感。此時，他們原有之問題解決的機制可能已經超出負荷，而自我認知與對周遭世界的知覺也徹底動搖。他們也許已經嘗試過，或者正在嘗試著解決該困難情境，但所採用的方法卻證明是無效的，甚至發現自己一直在繞圈子而毫無進展。他們可能以為自己已經掌握了整個狀況，然而事實上卻

忽略了重要的事情。你們一開始的約定必須是可靠有效而不瑣碎、支持的但不會令人透過氣來、尊重他們的需求且必須引導他們獲致實際的解答。你也必須努力激發他們的感受性。正如 Puryear（1981）告訴我們的：「以可以控制的速度協助他們面對現實。事實終究是必須去面對的，然而卻不必等到準備妥當後才能被完全告知。」（p.37）首先，讓我們來看看危機情境的傾聽者必須遵守的一些特殊要求。

建立初始關係與營造安全的環境

　　Carl Rogers（1951）所提出的基本概念，如同理心、無條件的正向關懷及不含評價的溫暖，應該是進行任何諮商工作時的基本要領，我們將在專述訓練課程的章節中更加詳細說明。然而如果你所具備的技巧僅局限於這方面，將無法使你的諮商工作有效進行。你必須備妥各種技巧與方法。危機狀況是沒有時間容許傳統式從容地進行探索的。個案正處於極大的痛苦中，你必須能夠在諮商關係中採取進入狀況的、主動的，以及專注投入的姿態。這需要運用非常多的技巧，才能很快地與個案建立關係進而協力合作。因此所謂的介入技巧必然遠超過傳統的主動聆聽。你可能需要運用到其他模式的技巧（例如，完形學派、生物能量學與心理劇等；詳見第七章），才能有效地進行工作。有效聆聽的目的是，為個案的外在與內在世界營造一個充滿安全感的環境。如同 Carkhuff（1971）所說的，我們必須提供「可以獨處的庇護所，在逐漸逼近的世界中喘息片刻」。在先前的章節中，我們曾說明過，創傷受害者在意外發生後對營造一個安全空間的需求。創傷

處理工作者經由適當的晤談態度，可以有效促進安全空間的形成。在第七章中將列出助人者可以採行的一些方法的範例。

以擴張－收縮為基礎調整關係取向

如前所述，擴張－收縮的連續向度有助於我們做區辨，因為當個案有不同的反應型態時，助人者也必須準備好做相對的因應。因此，針對一個擴張型的個案，需要的是進行思考的釐清、問題的確認，以及協助他將注意力著重在情感的控制與集中焦點。另一方面，對於一位收縮型的人，則需要能有效取代其可能出現之沉思現象的替代行為，協助他以任何方式表達感受，以及激發其採取某項行動以進行問題解決。助人者與這些個案的互動經驗將是相當不同的，而且必須盡速在互動時覺察到其不同之處。

檢視你自己對情境與個案的反應

我們應該將個案的經驗視為一種對不尋常的情境所做出的正常反應。如果你所感受到的並非如此，則應先檢核你自己的感覺，並檢視你自己以進行評價反應。然後再檢核你從個案身上所看到的現實檢驗程度。

在此領域的工作者必須學會在與個案密切接觸時，能以一種快速的自動化掃瞄方式覺察出自己的反應。有一種快速的方法是保持對自己身體的覺察：在身體上找出一個與你平常感受到緊張壓力時有關的部位，然後在工作時把焦點放在該部位。當你發現任何不尋常的不適感時，就必須進一步檢視你的反應。先前我們

曾提及盲點這個概念，而這可能就是使神經緊張的來源之一。另一項原因則可能是過度融入情境中。與傳統治療不同的是，此時的個案所經歷的事情可能也正在或曾經發生在助人者身上。在如此的情境下，想要將個案與助人者所擁有的經驗清楚區分開來或許是相當不容易的，但並非完全不可行。練習**掃瞄**的技巧將有助於發展出這樣的技能。這項課題在第七章將會有更深入的介紹。

適度前進並在必要時轉換

你一旦感受到須快速進行的壓力時，必須記得提醒自己，個案才是決定進行速度的人。特別是在處理危機事件時，你與個案會面的地點可能是在災變現場的附近，或是醫院的等候室，而不是依自行約定的時間來到你的辦公室。因此，你對於與他討論該狀況的時機是否恰當，及其心理準備妥當與否必須相當敏銳。所謂的「反映事實－前進－轉換」（mirror-pace-shift, MPS）的概念，便是將這些都連結起來。亦即，經由適度真實地反映出個案的反應（我們要強調的是此處的關鍵字是「適度」）與採取適當的前進速度，你便能促使個案轉換到一個較為有效的行為反應。

正當與正常化

在整本書中我們便一直在強調這一點，不過在此仍可再加以重述。有關創傷與危機的文獻均強調，協助個案了解他們目前正在處理一個不尋常的情境，而非他們本身是異常的，亦即將情況**正常化**，這是非常重要的（Ochberg, 1991）。因此，只要是現實允許，我們必須將個案的感受視為正常，並減輕他們以為自己是

瘋了或愚蠢的恐懼感。我們必須強調事實是,情境是不尋常的,而個案是以正常的個體對該情境做反應。「提供一個支持情境,使個案能夠面對創傷的痛苦……並體諒地接納個案的感受——其感受需要體驗、表達及視為正常。」(Puryear, 1981, p.38)

尊重個別與文化差異

欲了解我們北美文化的多樣性,則必須先知曉不同的文化對創傷與助人者概念有何不同的反應。有些群體對於與陌生人分享自己的痛苦會感到害羞,有些人則相當樂意。助人者則必須能夠覺察個案的行為可能是怪異的或偏離常軌的程度,且依據的不僅是北美文化的標準,還有個案自己的標準——即他們所屬之社會階層、民族等的價值觀。

營造充滿希望的氣氛

個案的整個生命或其中一部分已經受到打擊。創傷工作者對個案而言代表著某種希望,即在這個世界上還有一個安全的角落。因為這次的經歷,個案對此世界的信心即使尚未被擊潰,也已經動搖了。創傷工作者必須協助個案增強其仍保有的希望,或重新建立新的希望。正如 Puryear (1981)所述,「不做任何承諾,但滿懷著希望」(p.30)。同時亦要明白,你雖然無法提供奇蹟式的治療,但是最後將可以發掘出各種改善情況的可能方法。在工作進行時應假設,個案將可以做得很好,而你終究可以成功地解決問題。在保持樂觀態度的同時,也必須對個案的痛苦程度具有相當的敏銳性。避免過度簡化你的處理方式,並且區辨

在個案身上同時出現的各項需求。

避免漠視個案的感受

　　Lazarus（1983）及其他研究者均指出，我們很容易落入漠視個案痛苦感受的陷阱中，如此一來，將使個案更形無助。當我們面對一位個案的痛苦時，我們會設法使它消失，所採用的方法在表面上似乎很有幫助，實際上只是將它視為微不足道罷了。我們經常聽見人們為了解除當事人的痛苦而如此說道：「事情終會好轉的」，或是「你會再有另一個小孩的（寵物、房子……等等）」，或是「不要擔憂，我知道所有的事都不會有問題的」。當事人聽到的是要低估自己的情緒需求，以及掩飾痛苦的感受。如此至少會導致個案產生一種「是的，不過」的反應，而且或許更嚴重地，當他們合理的感受遭到質疑時，甚至會使個案最後選擇由此一協助關係中退縮。這類情況一旦發生時，個案會因為自己的痛苦一直持續著且不被認可而感到不安，繼而產生失敗與無價值感。結果，個案對現實的合理知覺便在不知不覺中受到破壞。

注意暗示的影響力

　　我們也必須意識到危機工作者的影響力。無論是生理上或心理上的危機，均會使人們相當容易受暗示，而且有些研究（ASCH, 1994）甚至認為，危機事件會將人們推入神智恍惚的狀態。對潛在的負向結果予以不經意的增強，將對此結果發生之可能性產生預期心態。舉例而言，在一樁醫療緊急事件中，假使醫

生告訴病患傷口可能會痛上十天左右,很常見的結果是,由於醫生的暗示及所引發的預期心理,病患的傷口確實會痛上十天之久。危機事件中的個案通常想要知道「這種痛苦會持續多久?」此時,我們必須據實告訴他們,我們並無法預知答案會是什麼。因為,假如我們低估了時間,無異是在強化他們的不安:「其他人在兩週內就感覺好轉了,而我卻似乎無法做到。」而假如我們高估了時間,則可能促使個案對痛苦的感受比實際需要持續得久。

技能的關係形成

雖然任何的介入功能並沒有限定其時限,不過以下與技能有關的一些功能,有時可能只有在做完評估之後才開始產生效果。

增強個案的力量及提升其自尊

無論個案認為自己有多糟,重要的是,你必須將焦點放在你由他身上所看到的力量,並且設法加以增強。即使你不知如何強化它們,在最低限度下,你可以增強個案對你說話或找你出來談的勇氣。雖然這似乎並不困難且微不足道,卻是非常重要的。通常在危機與創傷情境下,人們會深陷在自責的痛苦中:「我當初為什麼會讓他出門?」「我為什麼沒有檢查火爐?」等等。他們所擁有的自尊很容易就在一次事件中被侵蝕殆盡。即使你很熱切地試圖增強他們的力量,然而對某些人而言可能會很難接受。為了了解在我們社會中,許多人對於接受稱讚或聽取有關自己的好

事情時，所抱持的戒律，我們提供了一個「加分」的練習，可以在課堂上或任何由兩個人所組成的團體中進行。在討論這個練習時，你將更徹底地了解到，一個人在聽取或表達對自己的讚美時，所面臨的困難。Dr. Sid Simons（1975 年的私人談話）在其價值觀澄清的訓練中，將此現象比喻為一隻停在你肩頭的兀鷹，牠被訓練成只要你想到或提到自己的優點時，便對你做出處罰。對我們大多數人而言，在學校中的求學經驗更強化了這項戒律，而且被認真地告知，「自我陶醉與自滿」是不被接受的。然而在危機期間，反而必須協助個案把握住自己所有的生存力與復原力，並且將焦點由危機所導致的受傷、害怕與孤立的態勢，轉移至與有功能的自我聯結。如果助人者能將焦點放在個案的正向層面上，而不是由病理的角度看待，將不難發現其正向的特質而予以強化。如同之前在討論失喪與混淆時所指出的，在此我們仍然要強調，助人工作者必須訓練自己到達能撫慰及鼓舞人心的階段。假使助人者無法容許自己接受或賦予正向的歸因，便無法帶給個案任何幫助。

鼓勵自我信賴

　　在危機期間，個案很容易產生無助及依賴感。當 Puryear（1981）指出，在壓力狀態下，人們都會期望有一位「神奇媽咪」出現，將一切變好。然而，如果你試圖去扮演這個「神奇媽咪」，結果非但助長了個案的依賴性，而且終將以失敗收場。因為，沒有一個人可以完完全全成為一位無所不能的神奇媽咪。不久之前，我們兩人其中之一（B. W.）曾經遇上一椿個人危機。她

在某個城市中經歷了一場既漫長且痛苦的會面之後,便前往機場。途中,在一家小吃店稍作停留,希望來點巧克力讓自己輕鬆些。她在那兒選購了一小盒杏仁巧克力,它有著奇妙的標籤名稱,就是「神奇媽咪杏仁巧克力」。這盒巧克力的確是一帖妙方,她的心情真的改善了不少,然而問題還是有待她去解決。Puryear 及其他研究者均提醒我們,一旦鼓勵個案的依賴性,最後會導致其自尊的降低(可參見**援助三角**)。正如 Parad(1965)所說,「只須協助個案自己完全無法做到的事,其他的不必多做」(p.24)。

　　無論如何,個案對於酬賞制度的反應確實非常良好,而最佳的報酬則是來自他們能夠獨力掙取的,如此便可增強他們的自尊感。可行的方法之一是,要求個案製作一份**甜頭契約**(goody contract)。亦即請他列出一張清單,內容包含所有他認為是正向的增強物,這些項目必須是實際可行且可達成的。其中可以是游泳、與朋友的午餐約會,或是閒適地散步。然後與個案約定,他必須盡可能地去進行清單上所列的事情。自我肯定訓練的基本概念之一是,每一件獨立完成的成就均可增強個人的自我概念,並且發展出更強大的力量以迎戰下一個難關。反之,每一個依賴行為則會導致個人自尊的降低,而在未來的日子裡走得更艱辛。危機期間是一段脆弱的時期,此時若能著重力量的建立,將會產生強而有力的影響。

確認你自己的角色

　　在檢視過你自己對情境及個案的反應之後,你必須釐清什麼

是你能做與不能做到的，並且針對這點與個案溝通。如同 Puryear（1981）所說，「你不是一位生活專家，能夠知道其他人應該如何生活，而且看得出其他人應該如何解決他們的問題」（p. 36）。假如你看出的是一個輕易而簡單的解決方法，你很可能忽略了某些東西，除非你所面對的只是找尋位置或是缺乏資訊的問題，例如，「我在何處能找到禁酒團體集會的目錄？」Puryear（1981, p.36）說道：「你只是在過程中的專家。」

釐清問題及展開問題解決

再一次地，你這時所採用的方法，將視個案在擴張－收縮序列中所處位置的不同而變化。不論是何種狀況，你都需要澄清當前的問題何在，亦即，並非「我的人生完了」，而是「今天晚上我可以睡在哪裡」，或者並不是「我要去殺掉我丈夫」，而是「我必須找到一位離婚律師」。

此時有必要發展出一個共通的方法，用以檢視問題的各種替代選擇與解決方案。它將包含：

· 確認問題（如上所述）

· 探討替代選擇

· 在感知個案的痛苦時，盡可能**切割**及簡化問題。所謂的切割問題，就是將它分割為若干可行的部分，使它變得較易克服。問題的切割亦使得個案感覺成功有望，不會因為整個情況未改變而延長其挫折感。舉例而言，假如有位個案告訴你：「我的房子被燒毀了。我不知要轉向何處——我看不出將如何恢復我所失去的心愛財物。我不知道自己有多少保障。我不知道自己會變成什

麼樣子」，助人者便可以輕易地開始體會個案的不安。此時很重要的是，協助個案重新架構問題，使其能夠感受到什麼事已經完成了，以及他可以做某種立即的改變。如果能引導他將焦點放在立即的需求上，例如當晚睡覺的地方，則會使他很受用。雖然這並不能解決真正的問題，但是卻能給予個案成就感，並且使其感覺自己可以掌控生命的某個部分。問題的切割可以提供個案解決的方向，某些人則感覺自己不再全然浮動不安了。

　　‧探討每項解決方法可能導致的結果（例如：假如我搬進朋友家，對我們的關係將會有何影響？）

　　‧嘗試實行解決方法。如果感覺舒服，問題便獲得解決；如果不然，則重複以上的過程，直至達到較大的舒適階段為止。

探索個案過去的因應能力

　　這個主題在第五章會有較大篇幅的探討。在此的重點是，找出個案自己所擁有的力量，以做為運用在目前情境的資源。通常在劇變時期，我們會頓時忘記那些在我們生命中已經成功發展出來的真正能力，而需要有人協助自己去找回過去的能力。遭遇危機的人也可能由於自己曾經做過某項錯誤的決定，或是錯誤的轉變，以致造成如今糟糕的景況，而自覺像個失敗者。這種想法會導致絕望、自責與責怪別人的心態，或是以對別人生氣來轉移悲傷。有時，一個簡單的練習，如第117頁的「十件事」練習，便可以破除這種惡性循環。這項練習的目的是協助個案重新自我覺察，提醒個案事實上自己是擁有不少優點的，而且是值得復原的。通常我們會建議，要求個案隨身攜帶這份自己的優點清單，

而且不時地談論它，或者將它製成小卡片，以便可以隨時背誦，而且當壓力感上升過度時可以使用。

教導新的技能、因應機制或方法

給個案一些受用的東西。對個案而言很重要的是，與你第一次的接觸，便感受到已完成了某項具體的事情。在一個似乎沒有任何具體保障的世界中，個案需要感覺有一條新的路已經開啟，所經歷的事已有所轉變，附帶的事已經完成，某些事已經改變了。這可以採用的方式有：提供額外訊息、新的資源（參見下文），或是壓力減低練習。這些方法的實例將出現在第七章。它們的範圍從放鬆練習、認知重建，到尋求支援的方法。有一個極為簡易的視覺意象練習非常有用，例如：「閉上你的眼睛，舒適地呼吸。現在，試著想像在這件可怕的事情發生之前，你自己原本的樣子。如果我看得到他，我會看到什麼？他正在做什麼？他感覺如何？」經過幾分鐘之後，助人者可以將這個意象改變為：「這都已經成為過去了，你為什麼還能看到你自己？」幫助個案能夠運用那些他在「危機發生前的我」練習中所指出的某些能力，而且將這些能力運用在「危機之後的我」是非常有效的。

共同設計活動

個案愈積極活躍，愈能自覺有力量，尤其是在痛苦時期。活動式的任務有助於使個案的生活正常化，並使他感覺更能掌握生命。蒐集貸款的相關資訊、或是調查離婚律師的名單、或是研究外科手術的方法等，均能使個案感覺為自己的生命投注了一些心

力。因此要共同設計一份活動計畫。行動上的計畫，特別是為週末所設計的，在這個時期是極有價值的。週末通常是所有的社會機構不開放的日子，而且星期天，在很多城市，圖書館甚至無法做為休閒之處。對於特別是自殺的個案而言，設計一份活動計畫，或是參與其他人的活動，是非常重要的，尤其是在週末期間。

支持

協助個案了解這個時期所需要的支持程度，以及評估有何可利用的支援。雖然我們在第三章已經探討過這個主題，在此仍有必要再次強調。有時候，要求個案將他所認識的人全部列在一張名單上，或許有助於個案專注於潛在的支持來源，不過此時可能有許多人會被忽略掉。然後，你可以協助他將名單上的人，依據我們發展出的方法（Wainrib, 1976）加以分類，這個方法已被證明非常有用。我們對支持的定義是「在特定的時刻，獲致所需的特有關係」。它的意思是，在危機期間，即使有許多人可以幫助個案，如果他們的關係特質不適合個案的需求，個案將感受不到這份支持。關係必須具有各種不同的形式，我們將它們區分為層次一（隨意的）、層次二（資訊的與工具式的），以及層次三（法定的、親密的、心靈上的）。在我們的模式中，隨意而非正式的支持，可能只是來自那些對你說「嗨」的人，這在一般的日子裡似乎是無特別意義的。然而，如果你能想像自己在一個四下無人的環境裡，突然得到親切的問候，你就可以了解這會是多麼重要了。工具式的支持，是來自那些與你分享團體經驗或工作的人們。他們可能是你教會裡的教友、課堂上的同學，或是和你一

同工作的同事。在危機時期，可能還包括緊急救難人員、搜救小組、協助你查詢更多資訊的圖書館員，或是與你分擔緊急經驗的鄰居。層次三的關係，在關係特質上是最親密的。這是最難以建立的關係，而且在失去時會導致最大的痛苦。危機事件可能會深深地觸及這個層次。然而，假如在危機時期，有一位親密的人在你身旁，而這個親密的人卻無法提供你此時所亟需的資訊，那麼你仍然缺乏必要的支援。在考量支持系統時的兩項主要概念是適切性及可用性。理解了這些概念之後，對於釐清個案的需求相當有幫助。另一個有關支持的重要層面是，個案向外尋求支援的程度（我們在第三章討論過的議題），危機處理工作者如果能負責檢視個案在尋求與運用支持系統上的進展情形，便可以在這方面給予很大的協助。

如果有必要，你自己可以成為這個支持網絡的成員之一，不過只有在限定的時間及清楚的範圍內。至於在自殺傾向相當高的情況下，你或許有必要隨時待命。

評估

在第五章中，我們將會更深入地探討評估。我們要考慮的議題有以下幾項：

◇迫切性
◇嚴重性
◇反應的適當性
◇事件前的狀態

◇資源
- ‧內在的
- ‧外在的
- ‧社群團體的
- ‧精神上的

◇嚴重性與資源的適配狀況

轉介

　　保存一份社群團體資源清單（從支持團體到離婚律師等所有的資料）隨時備用，做為你對個案提供服務時的輔助。必要時，而且只有在必要時，協助個案與這些機構聯絡。千萬記住，危機時期的資源包括人際關係網絡、社群團體，以及心靈上的支柱。當你發覺已到達自己能力的上限時，應考慮將個案轉介給更適合的專業人員。

應避開的陷阱

㈠告訴個案該怎麼做

　　有一個必須避開的重要陷阱是 Puryear（1981）警告過我們的，也就是，你不會有答案，但是你確實了解整個處理過程。你

知道人們在危機與創傷時期會有什麼反應，你可以區辨正常狀態與病態，你也懂得如何激發個案的正向特質，使其人生由絕望轉為希望。然而，你不能告訴他們，你認為他們應該怎麼做。

㈡自我炫耀

有些諮商人員，尤其是那些經驗不足的人，很容易落入企圖炫耀自己的陷阱中。他們可能有很強烈的動機想要使個案對他們印象深刻，或者想證明自己所擁有的才能。在這麼做的過程中，他們可能會太過急於嘗試建議一些似乎很美好的答案。結果發現這個解決方法可能相當不適當。假如助人者試圖自我炫耀，其居心將使他忽略個案某些重要的需求。請記住，這齣戲的主角是個案，不是助人者！沒有任何人可以在自我炫耀的同時，還能顧及發揮同理心的。

㈢扮演援助者

注意，「戲劇三角」中的三個位置分別是援助者、受害者與加害者。如果你將別人視為受害者，而且認為他們若是沒有你的援助便無法正常運作，那麼你就是在扮演援助者的角色。所謂的戲劇三角是，在整齣戲演完之前，你將在裡頭扮演過所有的三個角色。因此，如果你一開始扮演的是援助者，最後你將被認為是加害者，一旦個案自覺有足夠的能力去抱怨你的援助時，便轉而反抗你，因而將你推入受害者的角色。

㈣自我揭露

可能在你生命的某個時期，你也曾經歷過與個案類似的經驗。因此，在你內在的某個部分或許會想跳出來說：「我曾經在那裡，而我現在卻在這裡，由此可以證明一個人是可以從這樣的經驗中存活過來的。」就某一方面而言，如果情況恰當，如此的做法有時是可以為個案提供良好的學習典範。不過，較為常見的反應或許是，你所擁有的經驗可能使你在個案面前顯得強而有力，而個案此時則是非常脆弱的。這種知覺會引發個案痛苦與無價值的感受。他可能會回應道：「當然，你可以辦得到，而我卻不行」，並且感到不安與自責。在第七章將針對這個主題做更深入的探討。

練習 4.1

擴張型－收縮型

當你讀到對擴張型與收縮型之差異的描述時，你可能會想：「喔，我寧可與一位具擴張特質的人工作。我可以輕易地觸及他們的情感，並且很自在地引導他們。」或者也可能是相反地想：「我最好選擇收縮類型的人。我自己喜歡那樣，而我正好可以知

道該怎麼做。」這兒有兩個場景，在你閱讀它們時，請想像自己是一個危機介入工作者。試著覺察你自己的想法、感受與身體語言。

現在假設你自己就在以下的場景中：

正對著你辦公室的門被猛然推開，走進一位體型粗壯的四十五歲男子，高六呎二吋，重約兩百五十磅。他的臉色泛紅，呼吸時散發著混濁的酒氣。他一面坐下一面說道：「老闆把我解雇了，並且要我到這兒來！就是這裡！你好像什麼事都很行！我的一輩子都耗在這個工作裡，現在他們告訴我，抵押的成本太高，他們沒有辦法再蓋房子了。真是了不起的政策！要我怎麼想像自己必須付貸款，還要養老婆跟小孩？」他站了起來，在房間裡卡嗒卡嗒地走動著，然後隨手從你的桌上拿起一些東西，說道：「我可以把這個地方給拆了。我可以空手把老闆給大卸八塊。我這雙用了二十四年的鐵爪，可以把這裡給毀掉。」

做為一個危機處理工作者，你的感覺如何？

被他的力氣給嚇著了？

不確定如何處置？

覺察你自己的恐懼、極限，以及我們所謂的盲點，亦即你不想觸碰的地方，使你受到驚嚇的人。

了解極端的擴張型會是什麼樣子，以及感覺如何。

現在再來看看下面這個場景：

你被叫進一間病房，裡面有一位七十歲的老婦人坐在一張空病床旁邊，不久前床上躺著的是她的丈夫，在幾個小時前才剛過

世。她蜷曲著不動，默不作聲。她對於任何人對她說的話都不回應，也不願離開這個房間。

這個場景給你什麼感受？

面對一個不願開口說話的人，你會怎麼做？

如果你已經將它納入理論系統當中，那麼對你而言，談話或許非常重要。對此我們將在第七章做更詳細的探討。

現在，覺察你在面對這種極端收縮的人時，你的感覺會有多麼不舒服。

以上哪一個場景讓你較不敢去處理？你需要什麼來改變你的這些感受？

加分

以兩個人一組的形式進行。在第一個三分鐘的時段中，甲對乙說出他所能想到的所有關於甲的優點。接著，彼此針對這種經驗所帶給自己的感受，相互回饋。然後交換角色。現在乙花三分鐘的時間，將乙的所有優點告訴甲。在互相回饋及有了經驗之後，接著甲對乙說出他所觀察到的有關乙的優點；如此進行完後，角色再次對調。

十件事

這項練習活動的目的是，將負向、憤怒、責備的思考模式，轉換成為較正向的模式。這個簡單的練習是用來自我肯定訓練，

就是要求個案寫下讓他喜歡自己的十件事。個案在被如此要求時，或許會覺得這真是強人所難，但是只要經過鼓勵，便可以做得到。這份清單上可以包括人格特質、生理特質以及活動（只要它們能強調出自我；不是「我喜歡騎馬」，而是「當我在騎馬時，我喜歡我自己」等等）。

　　視覺意象練習以及睡眠練習，將出現在第七章。

協助助人者

　　身為一個助人者，工作對象都是一些正在經歷創傷的人，最後你將會變成容易有替代性創傷的傾向。你已經暴露在許多可怕的經驗當中，這些經驗很容易會變成你自己生活的一部分，因此，保持界限是相當重要的。然而，關於暴露方式的處理會變得愈來愈困難。Herman（1992）即針對助人者遭受創傷的反向遷移（traumatic countertransference）的經驗進行探討，而許多在此領域工作的人也證實了她的發現。Saakvitne 與 Pearlman（1996）將次級創傷（secondary traumatization）與替代性創傷（vicarious traumatization）做了區分。前者指的是那些與創傷直接受害者有關聯的人，而後者則是指「由於工作時面對的是生活創傷事件的存活者，在助人者身上逐漸累積成的轉移效應」。作者繼續寫道：「我們都深深地被這份與創傷存活者在一起的工作所改變……（包括正向的與負向的）……（而且）我們（也）相信，所有的創傷處理工作者必須覺察到替代性創傷及其效應」（p.17）。他

們的著作《痛苦的轉移》（*Transforming the Pain*）對於創傷處理工作者在處理他們自己的替代性創傷時，會有很大的幫助。**聽取團體帶領者的經驗分享**（Debriefing the Debriefer）是創傷工作小組的另一個正規步驟，我們在第七章將對此加以說明。對你而言很重要的是，多多尋求你會建議給個案的各種資源。一個有助力的支持系統是相當重要的，其中有著一群能真正傾聽與了解你的經歷的人。它通常會包括一位專家，以做為該系統的中心人物。由一位較資深的專家來領軍指揮，對於維持你完整的功能而言是非常有意義的。同樣地，我們在整本書中所建議的許多壓力減低技巧，應該也很適合你自己運用。如此將提供雙重的功能。首先，你對於自己試用過的方法，較容易建議給別人，而且才不會完全陌生；其次，它有助於將你自己的壓力水準維持在較佳的功能狀態。

適用於創傷社群的介入模式

與個人的狀況一樣，遭受創傷的社群也可能經歷對威脅的否認（Bolin, 1989）或過度反應。波斯灣戰爭時期的軍隊眷屬們所經歷到的戰爭威脅，在家庭成員間造成了創傷壓力反應（Bolch, Zimmerman, Perez, Embry, & Magers, 1991）。從一開始，整個戰爭的部署與進展，便全部在電視觀眾眼前現場立即播出，此舉不但在軍隊家庭中引起了焦慮反應，同樣的情緒也瀰漫在其他社群成員間。某些異教徒團體，尤其是回教徒，在美國本土經歷了大

規模的情緒反應，其中有不少是對報復的恐懼。在可能的連續性反應的另外一端是否認，或者是對威脅程度的低估。在肯塔基州路易斯近郊的一個中產階級白人區，有一個草坪經過修剪、不習慣有犯罪事件發生的社區，時間大約是早上七點到下午兩點之間，鄰居們走過或驅車經過一具躺在前院草坪上、垃圾箱旁的屍體，卻將它誤認為是一具人體模型或是雕像。這具屍體滿身是血，但是路過的人卻以單純的眼光來看待，他們大都是暫時停下來靠近看一下，然後又繼續走下去（Harris, 1994）。

否認的危險性，是來自於對潛在的嚴重傷害之低估與輕忽。相反地，強烈的過度反應，則會使一個社群團體陷入恐慌、混亂及瓦解的狀態。治療團體可以為這類社群提供復原的環境（Bolin, 1989），而它的功能是極為有效的。心理衛生專業人員在治療團體中可能扮演著非常重要的角色：親自服務、接受社群組織的諮詢、提供心理衛生教育的服務與資源、指導團體分享報告，以及管理各相關服務的提供。

一般而言，除了提供親自服務之外，專業人員使用其中之一，或是三管齊下的方法，對於社群團體都是有幫助的。

資訊

為了教育社會大眾有關創傷事件的性質，以及可以預期的情緒與行為反應，最有效的方式是透過大眾傳播媒體及社群團體的教育宣導。資訊傳播的功能包括，可以加強既有的知識與因應技能（在危機發生時，最先喪失的是常識）、提供新的資訊，以及

驅除謠傳。所提供的資訊可以是，有關面對危機時正常的與可預期的心理反應、因應的祕訣（針對成人與兒童的），以及可運用的心理衛生協助機構。電視與廣播的訪問、報紙的報導文章、公共服務通告（PSAs），以及各類發言單位的宣導效果，與一些有創意的方法是相同的，例如，刊登在超級市場與飲料店專用袋上的資訊廣告，以及公用事業帳單裡的夾頁廣告（Myers, 1989）。大眾宣導的訊息必須是出現頻繁的、一致的，且易懂的。它們必須是與日常生活及大眾關切之事有關的。它們必須納入及反映民族文化的需求，並且符合殘障者的需要。你的PSA若未採用專用的字幕，對於聽障者是無用的。同樣地，在給予尋求協助的建議時，若未附加提供交通資訊，對於行動受限的群眾而言，往往也是沒有用處的。此外，只要可能的話，你的教育宣導訊息，應該緊接在危機事件發生後發佈，因為大多數的人在此刻最能夠接納新的訊息。

教育與訓練

對於那些專為受害者的立即與長期需求提供服務的團體，可以為它們規畫教育與訓練課程（Bloch, 1991b, c）。這些團體包括紅十字會、救難大隊、當地社會服務團體（包含那些與宗教團體有關聯者）、公共衛生機構、醫師、牧師、警察局、消防隊以及葬儀社。在集會或短期工作坊中，可能涵蓋的主題如下：

- ·在創傷情境下人類行為的傳奇與事實
- ·經歷災難之後，成人、青少年與兒童的反應

‧個人或家庭之心理衛生諮商轉介機制

‧對家人的需求，尤其是在創傷期間遭受空間位置轉換或隔
離的兒童

‧特殊團體的需求，例如老年人與殘障者

‧在危機時期，身為協助者或照護者，對自身反應的了解與
處理

教育亦可提供給自然形成的社群團體，亦即先前原本沒有關
聯的一群人，由於有著共同關切的事情或興趣而聚集在一起，或
者目的在於為受創者提供援助與資源而聯結在一起（Bloch, 1991d;
Kramer, Bloch, & Grace, 1991）。有許多這類的團體形成危機後處
理機構，並且持續進行它們在社群裡的預防工作。此類的例子包
括，鄰近區域的支持與行動團體、早已組成的高危險群體（例
如，遇害兒童的父母），以及區域性犯罪與災難防護網絡。由於
臨床與實徵方面的知識，在危機介入與創傷反應的領域中，已非
常快速地發展，因此，上述團體會很歡迎這方面的演說者與從旁
隨時的協助，以強化他們現有的努力。

諮商

諮商服務可以提供給社群組織與機構、媒體，及自然形成的
團體。這些組織幾乎總是同質性的團體，它們所需要的不是過程
的諮商，便是計畫的諮商。過程的諮商，幫助團體了解組織化的
過程協助，以及後備服務的給予。計畫的諮商，則是提供技術上的
協助、成員的訓練，及協助為符合團體目標而設計的特殊計畫。

創傷的小團體介入模式

傳統的諮商與心理治療模式,是將焦點放在以個人與家庭為介入的目標,然而,在危機介入與創傷反應工作中,小團體則成為一個自然且高度有效的焦點。小團體的運作目標,不是預防取向即是介入取向,以便減輕與創傷經驗有關的、較為嚴重的心理衛生結果。小團體工作已經有效地同時運用在成人與兒童上。這類團體大都是自然形成的,亦即,團體成員的結合,是基於他們所面對或者未來可能會面臨的共同經驗;而且,即使彼此相互沒有關聯,他們仍會以同事、同學、父母或鄰居的身分而結合在一起。

成人

最被廣泛使用的小團體介入模式是,緊急意外事件壓力經驗分享(Critical Incident Stress Debriefing, CISD)。它最初是由Mitchell(1983)正式運用於災難現場救難人員的團體中。

這個模式與其各種變形,曾經被運用在創傷事件的直接受害或間接受害的其他團體。關於此類及其他相似的小團體經驗分享技巧的效果,其相關實徵資料顯示,這些經驗分享法可能並未達到所有原本主張的效果(Raphael, Wilson, Meldrum, & McFarlane, 1996; Linton, 1995)。即使如此,Mitchell的方法及其變形,仍被

持續運用在多數的場所，且被視為一個成功的途徑，因為它可以
將人們聚集起來，一同分享及了解彼此痛苦的經驗。

　　CISD 的形式有四種：⑴現場或接近現場的小組經驗分享，
⑵初期的危機解除，⑶正式的 CISD，以及⑷追蹤的 CISD。正式
的小組經驗分享是最常被採用的。它是由心理衛生專業人員所帶
領，依據的是一套包括六個階段、需時三至五個小時的活動版
本。小組經驗分享通常在危機發生後約二十四小時內進行。整個
過程的六個階段依序是：

　1.前言
　2.事實階段
　3.感受階段
　4.症狀階段
　5.教育階段
　6.返回階段

　　這個過程的各個階段分別是，介紹團體的目標與保密原則；
團體成員的客觀與主觀經驗；生理症狀、心理症狀，或包含兩
者；心理教育的主要內容，包括描述壓力反應的併發症狀，及強
調創傷反應的正常性；以及總結，允許參與者重回團體，並獲致
終結（見 McLain, 1996）。

　　危機經驗分享曾被運用在審判完謀殺案的陪審團（Feldmann
& Bell, 1991）、剛搶救完地震的救難人員（Armstrong, O'Callahan,
& Marmar, 1991）、殺人案的執法工作者（Sewell, 1993），以及
所照顧的病患死亡後的看護工作者（Lane, 1993-1994）。我們兩
人之一（E. B.）曾帶領一個持續一小時的團體經驗分享，成員為

在俄亥俄州辛辛那提附近工廠的電子工程人員,他們有一位三十七歲的女同事,不久前在工作場所中突然死於心臟病。在這個團體中,男性佔大多數,而且均不善於表達自己的感受。然而,在十五分鐘之後,團體成員開始分享他們的經驗,在其間,浮現出一個遇難者活生生的影像,以及她的同事未能嘗試去救回她的生命。這個團體變得在情感上較有聯結,表達出對彼此的支持,並且共同為遇難者及其家人計畫追悼會。這個團體非常感激工廠老闆給予的支持與安排團體經驗分享。為了獲致有利的結果,雖然有必要做更進一步研究,不過,危機經驗分享技巧似乎適用於各種群體,而且直覺上似乎是可靠的。

兒童

　　為遭遇創傷事件的兒童減輕其壓力與情緒不安,已經是許多預防與介入工作所努力的目標。兒童所具有之對自己生活的控制感與成人不同,而且年紀較輕者,對於如何處理發生在他們身上的事件,是缺乏認知能力的。同時,基於其所處的生命發展階段,他們很少有其他經驗,可藉以與現在令人不安的經歷做比較。他們無法對自己說:「過去有類似的事情發生在我身上,當時我做了這些特別的事,使自己感覺好過一些。」尤其是年幼的兒童,很難用語言表達他們的感受與心理意象。

　　在許多適用於兒童的小團體介入中,有兩項創作式的方法將在此加以介紹。

以表現式的藝術治療做為介入

表現式的藝術治療，將藝術方式編入臨床工作中。繪畫、舞
蹈、音樂與詩歌，均可被用來鼓勵兒童表達出他們的經歷（Aza-
rian & Skriptchenko-Gregorian, 1993; Barath, 1993; Barath, Matul, &
Sabljak, 1994; Bloch, 1993; Shilo-Cohen, 1993）。這是一種多元
的、活動取向的方法。從需要一個表達媒介的最害羞的兒童，到
需要一個創作空間來表達自己的最喧鬧的兒童，藝術創作都提供
了一個沒有壓力的治療管道。

有一項名為**傾聽兒童的心聲**（Listen to the Children）的幫助
受災兒童計畫（Cooperative Disaster Child Program），此模式採
用了一群志工，他們的足跡遍及全國，在各種緊急情況下工作。
小玩偶、音樂、繪畫及活動都派上了用場。另一項模式名為灣區
救助計畫（The Bay Area Relief Project），則運用了一百多位藝
術家與治療師，在學校環境中工作，為五到十三歲的兒童提供協
助。總計有超過五百位的兒童，在經歷過一場於加州奧克蘭侵襲
了六所學校的強烈火災風暴之後，被送來參與這個計畫（B. Ka-
zanis, 1994 年 4 月 10 日的私人談話）。

以預備訓練做為預防工作

單一家庭的火災及地震這兩類事件，均被 Jones 及其同僚
（Jones & Ampy, 1991; Jones, Ollendick, McLaughlin, & Williams,
1989; Jones, Ollendick, & Shinske, 1989）界定為兒童預備訓練的主
題。因為兒童的痛苦可能來自於，在出乎意料的危險情況下，他

們不知道要做什麼，他們的行為可能會造成危及自己的結果。如此，將使兒童身陷高度危險的境地。較高危險的可能性一旦增加，引發心理傷害的可能性亦隨之上升。為了致力減低生理與情緒方面的傷害，於小團體環境中進行的預備訓練計畫已被成功地運用。

由 Jones 及其同僚（Jones & Ampy, 1991; Jones, Ollendick, McLaughlin et al., 1989; Jones, Ollendick, & Shinske, 1989）所執行的一系列研究中，將火災與地震的模擬狀況呈現給一群兒童（通常一次不會超過五個）觀看。一般而言，場景是為兒童設計的，訓練者則模仿及解說適當的行為。之後，兒童便練習這些行為，並且被告知有關危險及如何避免或掌控它的基本知識。所有參與的兒童，在訓練前與訓練後均接受評量，同時也與未受過訓練的兒童進行比較。在所有的例證中，接受過訓練的兒童在後測時的表現，比未受過訓練的對照組來得好。精心設計這些研究的作者們對此下了一個結論，此類預演式的預備訓練，可以運用在需要理智行為的危險狀況。由於焦慮與恐懼很容易在危險情境中造成不幸事件，那麼，事前的預備訓練或許有助於避免這種情形的發生。當然，這類訓練也可以擴大為包含其他使兒童在其間感受到相當大的傷害，卻缺乏自我保護或逃開技巧的狀況。

大部分的情形是，在我們的社會中，兒童一向被視為天生易受傷害，而在危險情境中保護他們，則是大人的責任。然而，事實上，只要教導兒童所需的認知與行為技能，他們便較不易受傷害，而且必要時，可以在大人不在時，表現出負責任與獨立性。隨著單親家庭與雙薪父母的逐漸增加，以及兒童之變動性的上升

（往往是環境不安全所導致的），現今有許多學齡兒童在某些方面是獨立的。教導他們在創傷中自我保護的技能，對他們而言是一項很容易接受的禮物，並且事實證明他們可以相當成功地加以運用。

參考資料

American Psychiatric Association. (1994). *Diagnostic and statistical manual of mental disorders* (4th ed.). Washington, DC: American Psychiatric Press.

Armstrong, K., O'Callahan, W., & Marmar, C. R. (1991). Debriefing Red Cross disaster personnel: The Multiple Stressor Debriefing Model. *Journal of Traumatic Stress, 4,* 581–593.

Azarian, A., & Skriptchenko-Gregorian, V. (1993, May). *Post-traumatic stress disorder in young victims of disaster and their treatment.* Paper presented at the National Children's Mental Health Conference, Seattle, WA.

ASCH: American Society for Clinical Hypnosis. (1994, March). *Training workshop.* Houston, TX.

Barath, A. (1993). *Psychological and educational help to schoolchildren affected by war.* Unpublished manuscript. UNICEF Progress Report I.

Barath, A., Matul, D., & Sabljak, L. (1994). *Korak po korak do oporavka.* Zagreb: UNICEF.

Bloch, E. L. (1991a). Post-traumatic stress disorder: Treatment approach—avoidance—An illustrative case. *Psychotherapy, 28,* 162–167.

Bloch, E. L. (1991b, March). *Children affected by the Middle East crisis.* Inservice training program presented at Central Psychiatric Clinic, Child and Adolescent Division, Cincinnati, OH.

Bloch, E. L. (1991c, March). *Family issues for active duty military and activated reservists.* Inservice training program presented at the Veteran's Administration Social Work Service, Cincinnati, OH.

Bloch, E. L. (1991d, August). Approaching war, abating stress: Psychology in action in the community. In E. L. Bloch (Chair), *Psychology in action during the MidEast crisis: Strategies of intervention.* Symposium conducted at the annual meeting of the American Psychological Association, San Francisco, CA.

Bloch, E. L. (1993). Organizing responses to civil disturbances: New models for practitioner intervention. In B. Wainrib (Chair), *Trauma responses: What practitioners can learn from recent disasters.* Symposium conducted at the annual meeting of the American Psychological Association, Toronto, Canada.

Bloch, E. L., Zimmerman, A. C., Perez, J. T., Embry, D., & Magers, H. (1991). Report to the Senate Committee on Veterans Affairs: *The mental health needs of Operations Desert Shield and Desert Storm veterans and their dependents.*

Bolin, R. (1989). Natural disasters. In R. List & G. Lubin (Eds.), *Psychosocial aspects of disaster* (pp. 61–85). New York: Wiley.

Carkhuff, R. (1971). *The art of helping.* Amherst, MA: Human Resources Press.

Feldmann, T. B., & Bell, R. A. (1991). Crisis debriefing of a jury after a murder trial. *Hospital and Community Psychiatry, 42,* 79–81.

Frieze, I. H. (1987). The female victim: Rape, wife battering, and incest. In G. R. Vandenbos & B. K. Bryant (Eds.), *Cataclysms, crises, and catastrophes* (pp. 109–145). Washington, DC: American Psychological Association.

Gilliland, B. E., & James, R. K. (1993). *Crisis intervention strategies* (2nd ed.). Belmont, CA: Brooks/Cole.

Harris, G. (1994, December). No one thought bodies lying near curb for hours were real. *Louisville Courier Journal,* p. A1.

Herman, J. L. (1992). *Trauma and recovery.* New York: Basic Books.

Jones, R. T., & Ampy, L. A. (1991). *Earthquake preparedness training.* Unpublished manuscript.

Jones, R. T., Ollendick, T. H., McLaughlin, K. J., & Williams, C. E. (1989). Elaborative and behavioral rehearsal in the acquisition of fire emergency skills and the reduction of fear of fire. *Behavior Therapy, 20,* 93–101.

Jones, R. T., Ollendick, T. H., & Shinske, F. K. (1989). The role of behavioral vs. cognitive variables in skill acquisition. *Behavior Therapy, 20,* 293–302.

Kramer, T., Bloch, E. L., & Grace, M. (1991, October). *The development of self-help groups for Persian Gulf families.* Paper presented at the annual meeting of the International Society for Traumatic Stress Studies, Washington, DC.

Lane, P. S. (1993–1994). Critical Incident Stress Debriefing for health care workers. *Omega, 28,* 301–315.

Lazarus, R. (1983). *Cognitive theory of stress, coping and adaptation.* Eastham, MA: Cape Cod Seminars.

Lillibridge, E.M., & Klukken, P. G. (1978). *Crisis intervention training.* Tulsa, OK: Affective House.

Linton, J. C. (1995). Acute stress management with public safety personnel: Opportunities for clinical training and pro bono service. *Professional Psychology, 26,* 566–573.

McLain, S. L. (1996). *Critical incident stress debriefing: A review.* Unpublished manuscript.

Mitchell, J. T. (1983). When disaster strikes . . . the Critical Incident Stress Debriefing process. *Journal of Emergency Medical Services, 8,* 36–39.

Myers, D. G. (1989). Mental health and disaster: Preventive approaches to intervention. In R. Gist & B. Lubin (Eds.), *Psychosocial aspects of disaster* (pp. 190–228). New York: Wiley.

Ochberg, F. M. (1991). Post-traumatic therapy. *Psychotherapy, 28,* 5–15.

Parad, H. J. (1965). *Crisis intervention: Selected readings.* Milwaukee, WI: NY Family Service Association of America.

Parad, H. J., & Parad, L. G. (1990). *Crisis intervention (Book 2).* Milwaukee, WI: NY Family Service Association of America.

Puryear, D. A. (1979). *Helping people in crisis.* San Francisco: Jossey-Bass.

Raphael, B., Wilson, J., Meldrum, L., & McFarlane, A. (1996). Acute preventive interventions. In B. A. van der Kolk, A. McFarlane, & L. Weisaeth (Eds.), *Traumatic stress* (pp. 463–479). New York: Guilford.

Roberts, A. R. (1991). Conceptualizing crisis theory and the crisis intervention model. In A. R. Roberts (Ed.), *Contemporary perspectives on crisis intervention and prevention.* Englewood Cliffs, NJ: Prentice-Hall.

Rogers, C. R. (1951). *Client-centered therapy.* Boston: Houghton-Mifflin.

Saakvitne, K., & Pearlman, L. A. (1996). *Transforming the pain.* New York: Norton.

Sewell, J. D. (1993). Traumatic stress of multiple murder investigations. *Journal of Traumatic Stress, 6,* 103–118.

Shilo-Cohen, N. (1993). Israeli children paint war. In L. A. Leavitt & N. A. Fox (Eds.), *The psychological effects of war and violence on children* (pp. 93–107). Hillsdale, NJ: Erlbaum.

Wainrib, B. (1976). *A tri-level model of human support and its applications.* Unpublished doctoral dissertation. University of Massachusetts, Amherst, MA.

第五章

危機與創傷的評估

本章大要────────────────────

- ・評估的目的
- ・對評估的定位
- ・對創傷的評估
- ・合乎常理的反應與行為
- ・不合乎常理的反應與行為
- ・團體評估
- ・其他的評估方式
- ・研究

───────────────────────────

　　危機介入是創傷反應中很重要的一部分，雖然對於危機介入的評估原則是包含在創傷評估中，但創傷評估本身還有一些其他的要求。

評估的目的 ▬▬▬▬▬▬▬▬▬▬▬▬▬▬▬▬▬

　　對於實施評估者來說，盡可能地清楚了解評估的目的是很重要的。針對處在危機中的個案來說，評估可以立即地確定危機的狀況，為長期的心理方面的介入做計畫，確認對藥物方面的需求，並對創傷後壓力疾患（posttraumatic stress disorder）做專門的

診斷。

就團體方面的層次來說，可能需要做團體的資源及有教育意義資源的評估。因為在這個危機處理過程中，有可能會發生對於個人及團體的服務有重疊的部分，所以一個根據實際操作而得來的經驗是，向提供參考資料者澄清提供資料的原因。這可以讓個案免於繁多且重複的評估，並且使實施者可以專注在評估的過程上，決定他要保留什麼資料或文件。比如說，醫學方面的參考資料和從律師來的參考意見就會有所不同。

而在創傷這方面，其他的參考意見提供團體可能會包括保險公司、雇主、社團組織（例如，受虐婦女收容中心）、家中成員或是學校。由於這麼一來可能會將所有對被評估的個體有興趣的單位集中在一起，所以危機事件在評估的領域中代表了一個獨特的狀況。有些單位出錢來做這份評估及後續的工作；有些則對得到的資料很有興趣。常常問：「誰才是我的個案？」是較有智慧的做法，並且要和所有有關的人澄清有關機密性的議題。一般來說，不管你是不是有收費，被評估的個人或團體都享有將相關資料保密的保護，除非有書面的許可或雙方的協議答應放棄這個權利；舉個例來說，一個公司的管理階層請你來對公司內部團體作評估，而這個團體可能會邀請你這個評估者去對管理階層提出一些回饋或建議。另一個例外就是對於兒童的評估，在這個時候，為了孩子的福利，這方面的資訊是需要傳達給對這孩子負責的成人的。

對評估的定位

　　就如同在本書中所提到的，我們將評估的方向定位為，這必須是一個「合作」的過程。「評估」之所以必要，不只是因為藉由它，實施者可以得到關鍵的資訊，還可以因此而發現個案是否真的需要幫助，如果是的話，何種形式和品質的幫助是適當的。在沒有先去了解你所提供的幫助的多樣性是基於個案的需求之前，就馬上跳到給予協助的階段，其實並沒有什麼意義。尊重個案需求的表現是，在將個案所有連帶的需求找出來後，在任何情況之下，都把它當成最基本的考量。要讓個案覺得他們是這個評估過程中的一部分，他們因為他們的貢獻而被尊敬，而且不會事先就將他們分門別類。

　　在這本書中我們一直強調的是，分析的結果是要讓人們可以決定危機或創傷所帶來的影響，因此，期待自己能幫得上忙的人，就必須被訓練得可以對狀況適當地反應。在危機或創傷中任何的介入，包括評估，都必須是敏感的、尊重的，並且可以反映出是受過良好訓練的；一個不敏感或不適當的介入都可能會造成二度傷害，傷害了已受傷的人。最初的危機或創傷本身已經動搖了個體對於信賴和所相信的感覺，所以個案可能會期望周圍的人可以提供較為體諒及了解的幫助，而不好的評估則會造成更大的、甚至是無法挽回的動搖。

　　一般來說，評估應該是簡短的、有立即性的和有焦點的。評

估的目的是界定這個危機有多緊急，造成的心理傷害有多大，以及個案面對這個傷害的恢復性有多高，而焦點必須集中在當下的狀況，包含個案在認知、行為及情緒方面是如何反應的。提供協助的人不能光看個案所呈現在外的部分，例如：有人可能會看來十分冷靜及穩定，其實是將緊張的情緒反應藏了起來，而這可能會沒有預警地以其他方式表現出來；而另一個人可能看起來很情緒化，卻可以自在地面對並整合所遇到的經驗。所以評估必須不只是界定個人或團體目前的狀態，還要找出潛藏在未來的傷害性及反應的彈性。

急迫性

急迫性必須從主觀及客觀兩種角度來決定。一般來說，如果是對生命有立即危險的，不管是個案或者還有其他人涉入，都是屬於最急迫的層次。如果這個個案是暴力侵犯的受害者，或者懷疑他有潛在的自殺、殺人或是暴力行為的傾向，那麼這個個案的需求即被視為非常的緊急。其實，在心理上或生理上失去能力，均被視為同等的緊急，這是不能任其聽天由命的。舉例來說，當你聽說約翰因為所謂的「中年危機」而離職時，可能會認為這沒什麼，不必太緊張，你或許會覺得他必須經歷一段重新認知的過程，了解現實生活中的真實與限制，知道他可以或不可以對他的生命期望什麼，然後他可能會經歷哀傷、困惑及重出社會的不同階段。然而，我們仍須藉評估來決定約翰的哀傷是否比你從表面上看到的來得更有深遠的意義。你必須去發現，是否他這種絕望

的感覺將會使他認為再也得不到他原本一直計畫好的成功和快樂，而使他想要自殺。可能這種絕望會使約翰將敵意轉到自己的太太身上，因為她不想和家人分開且拒絕轉職，才會造成約翰的不能成功。現在的她會不會有危險？約翰的悲傷會不會轉變成憤怒，以及施加在太太身上的暴力？還有約翰在工作上的上司及一同工作的同僚，甚至其中還有一些人被擢升到比他更高的職位，這些人又會不會有危險呢？雖然這些聽起來像電視劇的預告片，但不幸的，這些都可能是真的，只有和約翰充分地敞開心胸、合作，才能給你這些問題的答案，並且決定約翰需求的急迫性。

嚴重性

　　如果想要對於危機本身帶來的衝擊有一個清楚的概念，那麼了解個案在遭遇危機前的功能有多好就是很重要的，而界定出個案對危機的反應之實際性及適當性也很重要。我們必須從主觀和客觀兩種角度來評估適切性、嚴重性，及反應的層次。比如說，如果你的貓被困在樹上，可能你並不會把這個事件當成危機；可是，如果你是個八十七歲的老人，獨居，而且沒有任何支持系統，你的貓是你唯一的朋友，這時事情就夠格稱得上是「危機」了。有時候，在一個悲劇事件的情況中，對於助人小組來說無關緊要的某個人、事、物，可能對於存活下來的人有很大的意義。例如：一個孩子失去了他最愛的玩具熊，而他只以「Banky」來稱呼這隻玩具熊，此時，這個名字就必須被解釋給助人工作者知道。

資源

在界定了急迫性、危機或創傷情況所帶來的衝擊程度，和這事件的嚴重性，還有個案反應的適當程度之後，界定出個案所擁有的資源是悲傷評估的下一個重要功能。我們把它分成四類：

1. 內在的
2. 外在的
3. 社群團體的
4. 精神上的

內在的資源比較是關於個案如何去處理之前的困境的歷史，以及你將對個案在認知上、情緒上及行為上的功能層級所做的一般測量（請參考第 152 頁）。一些簡單的問題如：「告訴我前一次發生在你身上的困境，你是怎麼去面對它的？有用嗎？如果沒有用，你會做些什麼不一樣的？你覺得現在你可以試試看嗎？」這會讓你很快取得對個案這些功能的概念。

外在的資源就是個案的支持系統（請參考第四章）的品質、適當性及可能性，還有個案接受這些支持的意願及能力。「覺察到的支持」指的是，不管個案是否認為自己有辦法得到支持，這些他能覺察到的支持，都比任何所謂客觀上認為的支持來得有意義。

社群團體的資源可能常會由負責處理這個危機事件的危機處理工作者——也就是你——來決定。你需要知道在這個時候可以去幫助個案的是什麼，而且提供一個適當的參考。在悲劇事件

中，由於很多人對於共同經驗的分享，社群支持可能會因此產生，而且還可以觀察到，在悲劇突然發生時，社群會自發地伸出手來幫助個案的現象。然而，個別的危機情況可能會使個案產生寂寞和被棄的恐懼，此時助人者需要去真實地讓個案知道，擁有關於社群支持系統的資訊是適當的。在 McGill 的課程中，學生提出關於特定危機情況的報告，其中包括了提供班上其他人一份符合該報告主題範圍的有註解且更新過的社群資源。每年去更新一次這些資訊清單是很重要的，因為其中有很多單位因獎助金中止而且募不到款項而撤銷。

　　比較起來，**精神上的資源**在此類型的工作中算是新的種類。有愈來愈多的研究指出（Oxman, 1995），信仰的系統，不管是不是傳統、有組織的宗教信仰，對正受到威脅生命的疾病纏身的人之健康狀況及對生命的盼望都有很大的影響。這個發現提醒了參與助人工作的實行者，關於個體在遇到生命中的危機或創傷時，精神上的資源之重要性。同時，實行者必須認識到一件事實，那就是，任何的創傷或危機都是信念上的危機，任何有自己精神上的信仰系統的人都可能會問：「祂（不論是何種擁有較大能力者）怎麼可以這樣對我？」所以助人工作者必須考慮到這個主題並做好準備。

　　同樣的，了解到個案的需求和資源間的**切合度**也很重要。在對危機沒有立即幫助的部分，即使有很多的資源，切合度還是很低的。當然必須是很適合目前需求的才叫資源。檢查切合度可以讓你辨識出在個案現在的功能中，哪些資源是被充分供應的，哪些是需要你指引個案方向去尋找的，然後你便可以**幫助個案了解**

他的需求及找出更多有用的資源。

對創傷的評估

　　創傷性事件對評估這件工作製造了一連串獨特的挑戰。事件本質固有的組成因素以及被這事件影響的人口，會對受害者的可接近度及受害人口之團體規範或合乎規範行為的建立帶來衝擊。在這個事件中，要去到達受害者所在地可能很不容易（例如，土石流、地震），也可能通訊有困難，或者溝通很沒有組織，以至於被影響到的人們不知道有沒有什麼可能的服務，以及要從哪裡得到這些服務。可接近度有時也是一種代表年齡與受害者人口間的函數，比如在災難事件後，較年長的人常會對站出來，並被認定在經濟上或是在健康上堪虞這種狀況感到猶豫（Myers, 1989）。當地團體的伸出援手及清楚的通訊可以克服接近性的問題，接近度不夠常是在評估中被忽略的一個方向，而這對決定正確的基準比率來說是很關鍵的一項因素。如果我們只有評估那些在生理上健全，心理上世故，且在情緒上健康得足以去面對一個混亂的情況，並表明自己需要幫助的個體，那我們評估這些受害者得到的客觀標準將會是被扭曲的。

　　對於創傷反應的評估應包括對受害者及對事件兩方面的評估，沒有其他的診斷方式可以比如此做更清楚地描述出，在這事件中可以影響個體與其在事件中的位置的變數。受害者位在事件的中心嗎？他是旁觀者？還是目擊者？在情緒上，我們會期待受

害者被這事件以何種方式困擾多少？我們會預先想到那些逃過或免於悲劇事件的人就會過得好嗎？在 Chowchilla 校車綁架案中，Terr（1983）在事件過後四年調查過這件案子對孩子們的影響，發現有一個孩子，在其他留在校車上的孩子被綁架之前便下了車，雖然如此，他仍然有明顯的創傷後壓力疾患症狀。這告訴了我們，個體會有對創傷壓力的反應，不論是大人或小孩，即使他並不是真的處在該創傷事件的情境中。

　　一份內容廣博有意義的評估報告應該包括事件的本質、個體相對於該事件的位置（肉體的及暫時的），還有他們和其他隨後被這事件影響的人的關係。若關係愈緊密，且情境愈具威脅性，則在心理上將會帶來較深的影響。

　　評估實行者可以有多少時間來完成評估，及在遇到創傷事件的不同階段時，要如何調整自己的評估技術也是另外的一種挑戰。在事件現場施行評估的時間可能很短，有時必須在十五或二十分鐘之內完成。在這種情況下，先溝通出一段較長的時間，以團體的形式來與部分個體談談是較有幫助的。如此一來，受害者團體的規範可以相當快地被建立起來，然後以實行者的專業，就可以辨識出在團體中有哪些個人的情緒和行為是背離團體的規範的。在我們一個年輕的同事突然去世之後，我們進行了一次有二十個人，一個鐘頭的團體會議，其中一人（E. B.）界定出其他同事中有三個人因為有較極端的反應，屬於高危機群，而有五個人屬於低危機群，所以在這次會議的最後階段，我們利用低危機群的力量及高危機群的需要，發展出一個介入計畫，並且運用在這整個團體。

　　一個創傷事件的連續評估還包括在事件發生之前的階段，如：那天稍早時你在哪裡？什麼事讓你注意到你先生的健康並且覺得他應該盡早去看醫生？然後延伸至整個事件本身、它所帶來的立即衝擊後階段，最後還包括長達好幾天、好幾個月，甚至在某些案例中，長達多年的較長遠的這一段衝擊後時期。當大多數的評估都發生在危機或創傷剛結束的時候，我們不難發現到那些突然顯露出他的創傷的人，已將傷口藏在心中多年。這些被藏著的創傷，通常都是那種會伴隨較其他創傷多的羞愧或內疚的事件，例如孩提時代的性侵害；或是在成人時期的遺憾，以及被團體指責或誣衊，如在越戰時，軍人殺害許多無辜的平民。

　　另外一種初始評估的方向是對於潛在暴力及有自殺可能性的評估，這兩部分我們將會在之後的章節討論到。

合乎常理的反應與行為

擴張－收縮連貫說

　　當有人身處危機或在創傷之中，專業助人者除了對於勾勒出需求與資源間的平衡有概念，不是為了病理學研究而專注在傳統的心理評估上，還要了解這個個案在心理上是否容易被傷害。危機工作者的方向是須認識到不合常態的並非個案，而是情況本身。雖然如此，還是有些方面需要被評估到，讓助人者來傳遞一

個適當的回應，此外，因為在危機介入的部分工作中，包含了對那些涉入其中且有可能會有更嚴重的心理上新問題的人（可能是由危機情境所引發的一連串反應）的鑑定，所以助人工作者更需要了解到這個概念。

在第四章中，我們約略敘述了 Lillibridge 和 Klukken（1978）的「擴張－收縮連貫說」，我們說明了在這個連貫說中，每一端的反應到底有何不同，而這些反應的不同在認知、情緒及行為的層次中也是很明顯的。而就我們已看到的，這個模式是有幫助的，因為對於危機工作者來說，不同的人需要用不同的方法，而且就像我們在第四章所討論到的，這個連貫說也將使我們注意到，在廣大的此類方法與技術的範圍中，我們對於相關知識的需求。請記住，雖然在第四章的表單中，連貫說中的特性都是位在每一個連續的任一端，但其實很少有人會只單純地表現出任一種極端的形式，你可能會發現你的個案是處在這條連續帶上的中間部位，不過強調這些「極端」只是想讓你更簡單地就能了解這個概念。

讓我們對這個模式做一個簡單的回顧。請記住，在這個連貫中的擴張端，個體認知上的特徵是，被擾亂的思想、雜亂無章的思考及困惑，他們需要助人者協助他們去澄清思想，並且要明確地界定出問題。而在收縮的那一端，個人對問題會有先入為主、一再反芻並且為之纏繞的想法。助人者則必須對他們這種反覆思考，提供多樣的變通方案以及可行的問題解決方法。

而在情緒的層次上，位於擴張端的特性是過度情緒化，沒有意願控制情緒的表達，此時助人者就必須讓個案有意願將焦點放

在特定的感覺上，並且加入認知方面的資源。收縮端的特性則是，個案會將感覺藏在心中，助人者的目標就是以各種方法幫助他表達感覺。

至於行為上的層次，擴張端的個人會有過度或不適當的行為、表演，助人者需要提供現實取向的問題解決方法。而在收縮端來說，個案會是麻痺、不動且內向的，而助人者的目標就是去刺激個案動並且讓個案做些事情。

如果我們將這個擴張－收縮連貫說運用在 Van Gennep 階段（1960）上（請參閱第三章），就會出現兩種非常不同的圖像。收縮表現的個體可能會試圖避免承認或顯露出悲傷，但會透過複雜理智的概念來一點一滴地表達，而在你指出這憂傷時他也可能會否認，且毫無疑問的，他會用非常迷人的合理化來解釋疑惑，雖然到最後他還是可能會承認事情已經徹底地失去控制，而這會造成更大的焦慮，個案可能會要求藥物治療，也會不斷反覆地問：「為什麼會發生這種事？」並一再重述當時的情境，所有的呈現都是以很實際的態度，不帶一點感情，身體上則是緊繃且防衛的。

然而，擴張表現的個體可能會公開且大聲地悲悼，並持續一段不尋常的時期，個案不會猶豫且會戲劇化地讓你知道那失去所帶來的可怕的痛，而你將會很難中斷這樣的演戲並將焦點帶回問題上。身體上個案動作會較大，且對困惑和無助有戲劇性的呈現。

你或是你的個案的危機經驗可能會介於這兩種幾乎是成規的敘述之間，請記住，雖然外在的行為、情緒及認知表現看起來不

一樣，但內在的痛卻是相同的。最後的產物可能不同，可是基本過程還是一樣。

建立關係－評估－轉介／回應（R-A-R）原則如何應用在這個模式

我們要如何接近個體是依據我們所看到的特徵，普遍來說有兩種基本的方式，那就是問題導向和情緒導向。

R-A-R，是這本書的基礎模型，簡單地指出建立關係－評估－轉介／回應是良好介入計畫的基本原則。在你工作時，如果將前面所介紹的連貫模式記在心中，你就會因為你裁定個案位於這個連貫帶上的何處，而對個案有不同的關係建立、評估和轉介／回應。舉例來說，如果你遇到一個不太配合、很難控制的個案，他不是拉自己的頭髮，就是嗚咽、尖叫，你就可以辨認出他是一個極端擴張的人，這點會影響你如何建立關係。如果遇到這樣的人，你的方法便是要更有建設性，可能要配合身體上的鎮定介入法（參閱第七章）；一個平靜但具權威性的聲音；還要不斷穩定地一再保證，只要個案和你一起合作，就可以輕鬆地將焦點放在問題上，問題是可解決的。這就是問題導向法。所以你對這個人的評估必須考量到他的情緒和行為是擴張的，而重要的是，了解到若他不是處在危機中，你會如何看待他。如果你個人不能提供幫助，你要將他轉介到更具建設性的幫助情境。

如果你面對的是一個收縮、內向的人，你建立關係的方向便是情緒導向，你要盡你所能地去引出他的感覺，這可能包括了非

語言的身體動作（請參閱第七章），個案對此可能會有些抗拒，
不過這非語言的身體動作是很有幫助的。

在我們解釋這個連貫說之前，暗示過在使用同範圍的眾多學
說時，保持溫暖的態度是非常必要的。一個很好的例子就是專門
學習 Carl Rogers（1959）的個案中心學說的人，Rogers 的同理
心、無條件的正向關懷及無批評的溫暖的基本概念，應該是任何
一種助人工作的基礎。然而，當你面對一個擴張的個案，幫助他
再去挖掘更深的感覺是達不到預期效果的，讓我們來看看將這個
方法用在一個高度擴張的個案身上的例子：

個　　案：（來回踱步並扭絞著手，哭泣著）我不相信這會發
　　　　　生在我身上，我絕不會讓它發生在我身上，我好
　　　　　恨！氣死我了！怎麼會發生這種事呢？我的老公怎
　　　　　麼會和其他可惡的男人一樣，跟一個賤貨跑了？

助人者：妳覺得非常憤怒、沮喪，而且不相信會發生這件
　　　　事。

個　　案：你一定覺得你就是我的救星，我告訴你，最好是如
　　　　　此，如果你不趕快幫我脫離這種痛苦，我就會對你
　　　　　……

很顯然的這樣並不是很有效率，讓我們換種較有建設性的方
法：

助人者：我知道妳對這件事覺得很沮喪，讓我們一起坐下來

　　　　好好想一想可以做些什麼來趕走這份傷痛。

個　　案：沒什麼可以驅除這種痛苦，絕對沒有，我的丈夫再
　　　　　也不會回來，也許我該一槍把他們兩個殺了！

助人者：或許沒有什麼辦法可以把妳老公叫回來，也或許我
　　　　　們不用太早下定論。殺了他們只會讓妳的人生更加
　　　　　悲慘，可是在這段時間可以做很多事來讓妳現在的
　　　　　生活變得比較可以忍受。讓我們一起來試試看。

不合乎常理的反應與行為

易有危機個體

　　有某些人會反覆地發現自己處於危機的情況中，這並不是一
個正常的現象，也就是被歸類為 Parad（1965）所描述的**易有危
機個體**，如果你遭遇到符合這個描述的個案，只有危機介入計畫
本身是不夠的，這些人需要特別的治療，你應該直接將個案轉介
給社服機構。對於這種類型的人，Parad（1976）認為：「通常易
有危機之個體缺乏或不會利用個人、家庭、社會等支持力量，去
幫助每個人克服在日常生活中碰到的壓力。」由於不常持續有意
義的人際關係，這種個體可能會有以下部分或全部的互相關聯的
問題：

1. 在「從經驗中學習」上有困難
2. 過去經常處於危機中，因為缺少克服能力，所以都解決得不是很好
3. 有心理性疾患或其他嚴重的情緒障礙
4. 低自尊，或許會用激怒別人的行為來掩飾
5. 有不經思考、衝動性地用手勢或身體動作表演事情的傾向
6. 僅可勉強平衡的收支
7. 不會完整地完成一項工作
8. 不滿意的婚姻及家庭關係
9. 酗酒或其他物質濫用
10. 過去曾發生無以計數的意外
11. 觸法

精神病理學

依據所有我們曾討論過的變項，包括個人過去歷史、行為能力、內在及外在的資源、生理的危險因素、個人的以及因文化環境而生的經驗等等，可以知道，精神上的疾病可由嚴重的危機或創傷所誘發，在之前，我們曾列出來的關於評估的效標也一致導向歸類出這種可能性。接下來的是一份迅速、現有的合併症狀的清單。

精神病理學上的警示症候

下面是 Weaver（1995）所整理的「曾置於悲劇中的人常見的精神病理學上的警示症候」表。

1. 焦慮及絕望的感覺延長
2. 無法專心或做決定
3. 習慣改變（例如，飲食、睡眠、性生活）
4. 人格改變（例如，一個原本安靜、害羞、謹慎的人卻開始過會危及生命的生活）
5. 失去自信（例如，在被捕或是失去工作後感覺極度的罪惡）
6. 從群眾中退縮或是孤立於社會之外
7. 有疾患的思考過程症狀：
   - 對別人過分猜疑
   - 相信人們都在談論他、笑他，或是試著要控制他
   - 聽到或看到東西（幻聽或幻視）
   - 相信電視、收音機或其他印刷類媒體在論述著他
   - 超感官的知覺或心靈感應
   - 浮誇不實
   - 全神貫注於宗教
8. 無名火或是想要報復的心
9. 極度的依賴
10. 誇大的恐懼
11. 不是任何器官引起的生理上問題

12.情緒不定

13.表現達不到常態

14.強迫症或例行公事（例如，太常洗手）

15.有傷害自己或他人的想法（包括公開的聲明或是私底下的行動，例如，將自己的事情處理好，好像在為死作準備）

　　最後一個部分將在第六章有更深入的探討。

　　在評估的時候，個案經驗這些症狀的數量、強度及頻率，會決定是否該認為他有精神病理學上的問題。症狀妨礙行為能力及面對現實情況的程度，除此之外，有數個症狀維持一段長時間的現象會決定症狀的重要性。有一次偶發的上述反應其中之一的現象並不能被視為不正常的訊號，如果個人在危機或創傷事件未發生之前一段時間就已有某些信念（如超感官的知覺），那麼這個症狀也不能被認真採用。然而，自殺的念頭是絕不能等閒視之的，下一章我們將會討論到。

個人的評估

　　在具創傷性的事件發生之後，因為部分因素結合在一起會讓我們發現不到心理上受的傷，還有損害。第一，如果個體沒有真的在事發現場，或是沒有其他人損失得多，他可能不會覺得自己真的是受害者；第二，個人可能寧可呈現出生理上而不是心理上的症狀，下背部疼痛、頭痛、睡眠障礙可能會一直是他注意的中心；第三，在個人的自我檢核報告的不同部分之間，可能會有不協調之處（例如，「我很好」和「我覺得很不好」之間）。簡單來說，向下比較（「他的狀況比我更糟」），指出明確的症狀或

是行為（「這就是我覺得被傷害的地方」），還有對於自己以及他人的感覺和行為感到困惑、誤察（「她很好」、「她很不好」），都是為了要掩飾創傷帶來的情緒上的衝擊，還可以影響評估結果。如果專業助人者夠有耐性且一再保證，並指出個案一直輕視、逃避、混淆自己的知覺的原因給個案看，個案可能會較願意配合。

低估精神創傷是人類很自然的反應，沒有人希望感覺無助或無力，只要一談到當初發生什麼事，便會本能地隱藏自己的感覺。敏感的專業人員會尊重這種本能，而且准許個案時避免時接近這些還不穩定的經驗。

創傷後壓力疾患

雖然創傷後壓力疾患（PTSD）這個名詞有時被使用得很鬆散且不受約束，可是它的原意應該是用來定義出心理疾患中一種明確的病徵類別（American Psychiatric Association, 1994）。PTSD這個名詞在診斷上來說相當新，它首先出現在一九八〇年（American Psychiatric Association, 1980），是焦慮疾患的其中一類。

清楚這個診斷上的類別在評估個體的過程中很重要，因為它可以界定出最需要治療介入計畫的人，而且一旦一個人被診斷出有 PTSD，當將他與不斷增加的有關男人、女人及小孩在類似或不同的危機情況中的訊息資料庫相比較時，也可以更容易且深入地從臨床上的觀點了解這類別的個體。站在一個非常實際的觀點

上來看，個體有沒有 PTSD 可以影響訴訟的結果，以及可不可以得到關於心理健康的好處及補償。

創傷後壓力疾患在小孩及成人身上都會發生。平均來說，在受過創傷或曾處於嚴重危機的人中，大概有百分之十到十二會有 PTSD，這個百分比會受到創傷的本質、採樣的人口數、評估如何進行等因素而改變。正在危機中的受害者（例如，戰爭、受害於犯罪事件）患 PTSD 的比例是百分之三到五十八，而終身被 PTSD 所苦的比例有百分之一到十四（American Psychiatric Association，1994）。

你會在 PTSD 的診斷標準清單中，看到許多我們在這本書中討論過的受創傷的症狀，但能達到 PTSD 嚴格定義的人只是危機及創傷受害者中的小部分。

為了評估的需要，以下是 PTSD 的診斷標準（American Psychiatric Association, 1994）：

A.承受過創傷事件的人，符合以下兩種情況：

  1.這個人經歷過、目擊過、面對過包括死亡或有死亡威脅、重大傷害，或是威脅到自己或他人身體上的完整事件

  2.此人反應有強烈的恐懼、無助或是極度的焦慮。

    注意：若是孩童的話，可能還會有混亂或情緒激動的行為。

B.持續地以下列方式再經歷創傷事件：

  1.創傷事件的片段突然闖入腦海，包括影像、思想或知

覺，這狀況經常發生且造成困擾。

　　注意：如果發生在小孩子身上，可能會用反覆的遊戲來
　　　　　表達，而這些遊戲與創傷事件的主題或任一部分
　　　　　有關。

2.經常做有關於事件、令人煩惱的夢。

　　注意：小孩子可能會做不知道內容是什麼的噩夢。

3.感覺或表現得好像創傷事件又再度發生（有再度經歷的
　感覺、錯覺、幻覺，還有分裂的片段回想，包括那些發
　生在清醒時或是昏醉時的）。

　　注意：在小孩子身上，可能會有重演特定創傷的現象。

4.內在或外在暴露在象徵創傷事件某部分或是與創傷事件
　某部分相似的暗示下時，會有強烈的心理上的痛苦。

5.內在或外在暴露在象徵創傷事件某部分或是與創傷事件
　某部分相似的暗示下時，會有生理上的反應。

C.一直迴避和創傷有關的刺激，對一般的回應也變得麻木
　（在創傷發生前並沒有這種現象），就如以下指出的三種
　（或以上）情形：

1.努力避免與創傷有關的想法、感覺或對話。

2.極力迴避會引起關於創傷回憶的活動、地點或人物。

3.想不起來創傷的某一重要部分。

4.對有意義的活動的興趣或參與顯著地減少。

5.感覺與別人疏離或者孤立。

6.有限的感覺範圍（例如，不再有愛的感覺）。

7.覺得沒有未來，前途無望（例如，不會期望有事業、婚

姻、孩子，或者正常的生命長度）。

D.持續有更多激起狀態的徵候（在創傷前沒有出現），須有以下兩種（或以上）的情況：

1.難入睡或睡不久。

2.易怒，有爆發的情緒，生氣。

3.難以專心。

4.太過於警戒。

5.誇大的吃驚反應。

E.障礙期間（標準 B、C、D 中的症狀）超過一個月。

F.這些障礙導致了在臨床上有意義的困擾，或是在社會、工作等其他重要功能領域上造成損害。

＊PTSD 可被分類為：

急性的：如果症狀持續時間少於三個月。

慢性的：如果症狀持續時間超過三個月。

延誤發作：如果最初的症狀直到事發後至少六個月才出現。

　　有些有 PTSD 症狀的受害者只經歷了一段很短的時間，有些則延續了好幾年，我們不可能從個案一開始的反應來預測到誰會受害較短，而誰會變成長期的傷害。PTSD 和非 PTSD 間的不同是很重要的，不只是因為治療上的考量，還有法律上的考量，PTSD 是對個人作的診斷，所以在對代表同一案件所適用之全體對象的訴訟行動的案件中是很難（其實是不可能）成立的。然而，PTSD 在個別的個人傷害案件中還是有可能成立的。

　　雖然可以用的評估工具不少〔例如，Horowitz、Wilner及Alvarez（1979）的事件衝擊量表；Derogatis（1977）的SCL-90；Butcher、Dahlstrom、Graham、Tellegen及Kaemmer（1989）的明尼蘇達多相人格測驗二（MMPI-2）〕，但最好的評估工具是臨床的面談，或是選擇標準化的面談型態。因為評估是以問卷、調查或測驗的形式來測量的，而這些形式雖是由各式的族群所建立的，但你的個案未必就是剛好落在這些族群，大部分的工具有男人的常模資料，而且是針對戰爭的退役戰士的，研究者們正在將不同族群的許多創傷事件建立的資料集合起來。目前為止，關於種族身分、宗教同盟及其他與團體有關的特徵的研究中，資料的差異好像都很小，沒有因教育層次產生的差異來得大。

團體評估

　　團體方面的評估通常是由救濟中心和政府的組織來做，他們會評估事件的範圍、傷害的程度，還有可能出現的團體資源。對社會科學有專門知識（如社會學和經濟學）的私人或公立團體會協助這些單位，而研究單位也可以在評估和介入計畫上變得主動些。

　　Tierney（1989）用四個階段來形容在團體內的災難和災難後時期：

1. 緩和災難期
2. 備戰期
3. 回應期

4.恢復期

　緩和災難期指的是可能可以降低巨變的程度或其帶來的衝擊的預防動作。最明顯的緩和技術就是在颶風來臨前疏散團體。

　備戰期則是為了緊急事件的需要，用各種活動來教育大眾及有組織的特殊團體。

　回應期是實際去做包含救難、緊急照顧、轉介高危險個案及立即的社會介入計畫等的各種任務，為特定區域帶來支援和可用資源（包括人力）。

　恢復期便是團體內的重建事宜，包括生理及心理上的。

　心理健康專家在所有的階段，都可以主動地去評估在團體中有什麼較能被接受的活動，可以減少災變可能的程度大小、參與大眾教育事宜、提供緊急心理健康照顧的回應，還有提供處於高危險個體較長期的治療。要完成團體層次的評估，可以透過仔細設計的採樣方法，在鄰居間或學校做的小團體評估，以及評估人們意識到且知道對他們來說有何可用資源。

　就好比受到創傷的個人會有不同的反應，團體也是一樣。有些團體會因此變得有凝聚力，有些則支離破碎。團體就像個人，也會被驚嚇到，在幫助剛來到的蜜月期之後，就是政府及私人組織相繼離去，關於團體的新聞報導也結束的幻滅期來臨的時候。

　心理健康專家在處理創傷性事件時，需要敏銳地意識到團體正在經歷哪一個時期，並盡可能以較長遠的眼光來進行評估。這就是為什麼助人專家們要讓受災團體認為他們會在接下來的恢復期繼續穩定地陪伴之重要性，而且助人專家們不像其他單位，當發現恢復期的明顯徵兆開始了，他們還是不會離棄災民。

其他的評估方式

Korner

　　Korner（1973）是在這個領域裡較早期的作家，他認為在對個案的導向上需要改變成「減少危機至個體可以自己去應付的程度」（p.35）。關於這個做法的過程，他提出一系列六個問題來評估，頭三個是正常的功能（理智的、情緒的、人際的），後三個則形成了一種很有趣的學說。這些是：

1. 希望結構的重要性是什麼？「期待很久的東西突然失去或瓦解，會造成危機狀況。任何希望結構都由兩個部分組成，一是充滿情感、類似信念的部分，一是理性上認為預期結果有高度可能的想法……希望代表一個很重要的應付機制，伴隨著它被復原、被代替，或被抵銷，危機狀況可降低。」
2. 個案想幫助自己的動機有多強？Korner 建議，有一系列的問題可以來探求這個部分。這些問題包括，要求個案重新創造導致事件的經驗，聯絡其他可能可以幫忙的人，重回當時情況，並找出是否事情真如個案所報告的那樣。後面這部分也可當成是一種現實感的檢查，另外，詢問個案他們現在是否能照顧自己，或是他們認為何時才可以自己照顧自己，也是檢查他的動機層面的方法。

3. 很顯然的，最後這個問題在敘述「易有危機個體」時有討論
   過，那就是「個案曾製造或加重危機狀況到什麼程度？」。
   在這些經驗中，專業助人者可以探求個案從危機情境中間接
   地獲得什麼，可能是要獲得注意和關心，覺得自己很重要等
   等。評估實行者須意識到，永遠有人以某種方法在他的一生
   中製造危機，而這些人常在傳統的治療即將結束時才會浮現
   出來。意識到這種可能性，但又不能失去無條件的正向關懷
   的態度，對助人者來說會有點難平衡，但是仍須謹記在心。

分類法

Myer、Williams、Ottens 和 Schmidt（1991）提出一種三面相
的評估法及評級量表，允許有更可數的評估。這三個面相是情緒
面、認知面及行為面，而評級分數是從一到十，一分表示沒有損
傷，十分便代表受很嚴重的傷害，很明顯地，這方法較我們曾討
論過的方法更數據化。

研究

在評估過程中最大的挑戰之一是對於那些既是研究者，又是
實行者的人。理想上來說，臨床的理論和實行應該是集合了客觀
數據而發展出來，反過來也使對客觀數據的收集更為具體。這樣
的資料收集在危機的任何一個時期都是極不可能的，除了在時間

較長的衝擊後時期，也就是事件過了至少一或多天之後。大部分客觀的評估工具都是紙筆測驗，至少需要個案某些程度的專心和透視自己的情緒，在衝擊剛結束時期這是很難有的。因此，面談評估還是較優先的選擇，我們也或多或少可以依據危機的本質及個案的心理狀態來建立面談評估。

參考資料

American Psychiatric Association. (1980). *Diagnostic and statistical manual of mental disorders* (3rd ed.). Washington, DC: American Psychiatric Press.

American Psychiatric Association. (1994). *Diagnostic and statistical manual of mental disorders* (4th ed.). Washington, DC: American Psychiatric Press.

Butcher, J. N., Dahlstrom, W. G., Graham, J. R., Tellegen, A., & Kaemmer, B. (1989). *Minnesota Multiphasic Personality Inventory-2 (MMPI-2): Manual for administration and scoring*. Minneapolis, MN: University of Minnesota Press.

Derogatis, L. R. (1977). *SCL-90: Administration, scoring and procedures manual-I for the revised version and other instruments of the psychopathology rating scale series*. Baltimore, MD: Johns Hopkins University Press.

Horowitz, M., Wilner, N., & Alvarez, W. (1979). Impact of event scale: A measure of subjective stress. *Psychosomatic Medicine, 41*, 209–218.

Korner, E. (1973). Crisis assessment and the psychological consultant. In G. A. Specter & W. L. Claiborn (Eds.), *Crisis intervention*. New York: Behavioral Publications.

Lillibridge, E. M., & Klukken, P. G. (1978). *Crisis intervention training*. Tulsa, OK: Affective House.

Myer, R. A., Williams, R. C., Ottens, A. J., & Schmidt, A. E. (1991). *Three-dimensional crisis assessment model.* Unpublished manuscript, Northern Illinois University, De Kalb, IL.

Myers, D. G. (1989). Mental health and disaster: Preventive approaches to intervention. In R. Gist & B. Lubin (Eds.), *Psychosocial aspects of disaster* (pp. 190–228). New York: Wiley.

Oxman, T. E. (1995). Lack of social participation or religious strength and comfort as risk factors for death after cardiac surgery in the elderly. *Psychosomatic Medicine, 57,* 682–689.

Parad, H. J. (1965). *Crisis intervention: Selected readings.* Milwaukee, WI: Family Service Association of America.

Rogers, C. R. (1951). *Client-centered therapy.* Boston: Houghton-Mifflin.

Rogers, C. R. (1959). A theory of therapy, personality and interpersonal relationships as developed in one client-centered framework. In S. Koch (Ed.), *Psychology: A study of a science* (Vol. 1, pp. 184–256). New York: McGraw-Hill.

Terr, L. (1983). Chowchilla revisited: The effects of psychic trauma four years after a school-bus kidnapping. *American Journal of Psychiatry, 140,* 1543–1550.

Tierney, K. J. (1989). The social and community contexts of disaster. In R. Gist & B. Lubin (Eds.), *Psychosocial aspects of disaster* (pp. 11–39). New York: Wiley.

Van Gennep, A. (1960). *Rites of passage.* Chicago: University of Chicago Press.

Weaver, J. D. (1995). *Disasters: Mental health interventions.* Sarasota, FL: Professional Resource Press.

第六章

自殺與暴力：
評估和介入計畫

本章大要

- ·自殺
- ·暴力

自殺

介紹

　　自殺可能伴隨著任何危機或創傷而來。強烈的失落感，不知所措的感覺，以及深刻的哀傷會全部結合在一起，而引發自殺的可能。

　　認識「失去－憤怒－暴力」這一連串的反應，你便會了解自殺在創傷工作中的地位。如果因不能表達的失落，釀成向內發生的暴力，自殺就會很輕易地成為最後的產物。持續暴露在創傷情境中的工作者，常常是自殺的高危險群。對警察做的調查資料顯示出，因自殺而死的警察比例是被罪犯殺死的三倍（Rosenbaum, 1995），因為每天看到創傷性事件這種累積的衝擊，是造成非常大的壓力的一項原因，以至於個體可能會認為自殺是唯一的選擇，持續的精神創傷以及有取得致命武器的途徑，讓這類人口的

自殺危險非常高。我們在第二章所討論的任何發展上或是情境上的危機也可以引發自殺。當有發生自殺的可能性出現時，自殺本身變成一種危機情境，如果自殺成功了，那麼所有在自殺者周圍的人們，便必須去面對通常會持續一輩子的嚴重創傷，然後他們也會成為創傷的受害者及病人。

由於自殺是如此讓人害怕的話題，整個社會的普遍觀念就是避談這個行動本身，同樣的，最好也避談如何面對受自殺可能所苦的人。以下是一些社會上最常見的迷思。

迷思

迷思一：談論自殺會鼓勵自殺。

真相：談論自殺是必要的。沒有人有辦法將自殺的念頭灌輸給別人，然而談論自殺是必要的，因為這樣可以減輕個體因考慮自殺而帶來的負擔，還可以探求出這個自殺的想法帶來的危險到什麼程度。

所以處理危機創傷的工作者一定要表達出自己對所有的死亡，以及特別針對自殺的感覺，這樣在討論這個重要的主題，問某些適當的問題，還有保持一種開放的對話時，才會覺得比較自在。在這段介入期間的關係中，由於自殺可能性的起起伏伏，這樣開放的對話可能必須重複好幾次。

迷思二：談及自殺的人不會自殺。

真相：曾經自殺過的人中有百分之八十在事前都談及過自

殺。欲了解更多，請看後面 Shneidman 的研究。

迷思三：只要病人有企圖開始嘗試並且有進步，危機就解除了。

真相：事實上，這是滿相對的說法。當一個人處於嚴重的沮喪之中，他可能在心理上沒有足夠的能量來進行自殺，然而當這些能量重新出現，而之前引起自殺企圖的原因沒有改變，自殺的衝動就會再度產生。有些專家建議，在開始有嘗試改變的企圖之後的九十天是最危險的時期，或者，這段時間有可能會更久。還有一種情形就是，我們看到任何一個危機事件，社會的支持在事情剛發生後會馬上集合來幫助受害者，然後就愈來愈少。當這樣的情形出現，個體仍然痛苦，事情沒有改變，而社會支持已不見，自殺似乎是愈來愈合理的行為。

迷思四：自殺的人是瘋子。

真相：在自殺者中只有少部分的人是真的瘋了。寂寞、疏離、無望、無助，或者不被接納的憤怒，都會促成自殺的決定，我們在這章的後面，Shneidman 的研究中會有更多的討論。

迷思五：自殺行為會遺傳。

真相：雖然有時在家族中可看到自殺的傾向，可是沒有一項研究支持這種說法。當然，家長的自殺行為提供了一種解決痛苦的模式。但是，在他們自殺後，留給後世人的無力感，其實是會減少自殺行為的。

統計上的資料

職業

雖然牙醫師及部分心理健康工作者常被認為是自殺的高危險群，但最近發現年輕女獸醫的自殺率也很高（Bloom, 1996 年 7 月 17 日的私人談話）。

年齡

在青春期的時候，自殺率較高，然後變得較低，之後又隨著年齡而增高。自殺的危機傾向於在生命周期的成人期中升高，尤其在五十五歲至六十五歲的這十年，是危機最高的一段時期。年紀較老的人的自殺意圖似乎更為致命，未滿六十五歲的人有自殺意圖者和自殺成功者的比率是七比一，而超過六十五歲的則是二比一。

性別

女人嘗試自殺的次數比男人多三倍，但是男人的成功率較高。這和他們所選擇的自殺方法有關：在女人方面，最常見的就是用藥過量，該方法的致命率低，因為被救回的可能性較高。而對男人來說，他們會選擇較能致死的方法，通常是用槍或上吊，可想而知這些方法的救活率較低。

婚姻狀況

不管對男人還是女人來說，在分居或離婚後自殺的致命性都比較高！已結婚的人較低，而最低的是已婚有孩子的人。

其他高致命性的原因

如果個案曾有接受藥物治療但未成功的歷史，或者最近身體上有創傷，致命性便偏高；若是有慢性病，或是會威脅生命的痛苦疾病，致命可能性也會增高。

失喪永遠是引起自殺念頭的因素之一，包括失去所愛的人或寵物、工作、地位等等。在前幾章我們討論過，一定要站在個案的觀點來看待這個失喪。舉例來說，如果你從來沒養過寵物，你可能就不會了解寵物死亡所帶來的嚴重性有多大。此外，個案關於失喪的歷史也一定要列入考量之中，因為就如我們前幾章所說的，任何新的失喪，不管是失去人還是寵物，都可能會喚起之前關於失喪的痛苦回憶，舊傷加新痛極有可能造成自殺的行動。

其他指標

許多研究專家指出，不論是在成人之後或是孩童時期，失去父母和自殺行為有關聯。

Pope（1986）提出：「Klerman 和 Clayton（1984，也可參見 Beutler, 1985）發現，年齡較長的人，寡居的自殺率比有配偶在的

高。而且在女性方面，寡居的自殺率沒有離婚或分居的來得
高。」

Pope（1986）把以下幾項加入我們的指標清單中：

1. 直接的口語上的警告。直接表示要自殺的聲明是所有指標中
   最有用的一項！請嚴肅地看待任何一個這種聲明。

2. 過去曾有自殺意圖。有將近百分之八十的自殺成功案例在成
   功之前可能都曾嘗試過自殺。Shneidman（1985）發現，在病
   人中自殺率最高的那一群，就是那些因為至少有過一次試圖
   自殺的病史，而接受治療的人。

3. 間接的談話和行為上的徵兆。計畫要結束自己生命的人，可
   能會透過他們的話語表達自殺的意圖（例如，一直談到離開
   這件事，去揣想死亡是什麼感覺）和行動（例如，把對他來
   說最有價值的財物送給別人、嘗試取得可以致命的器具）。

4. 沮喪。曾在臨床上被診斷有憂鬱傾向的人之自殺率，比一般
   人要高出二十倍。

5. 無助。無助感與自殺意圖之間的關聯性，似乎比任何一種沮
   喪都來得高（Beck, Kovacs, & Weissman, 1975；Kazdin,
   1983；Petrie & Chamberlain, 1983；Wetzel, 1976）。

6. 酒醉。在所有自殺案例中有三分之一到四分之一，促成自殺
   的原因是酒精。

7. 臨床上的併發症狀。如前所述，受沮喪所苦的人以及酗酒
   者，是自殺的高危險群。

8. 宗教信仰。在新教徒中的自殺率似乎比在猶太教徒及在天主
   教徒間的自殺率高。

9. 獨居。如果一個人不是獨居的狀況，自殺危險似乎就會減低，如果他是和配偶住在一起，風險就更少，而若是家中有孩子的，則危險會變得更小。

10. 健康狀況。疾病和身體上的不適會提高自殺危機，就好比在睡眠情況和飲食上有障礙的人。

11. 易衝動性。那些較不能控制衝動的人，較有可能結束自己的生命（Patsiokas, Clum, & Luscomb, 1979）。

12. 刻板硬性的思考方式。自殺個體通常都會有一種刻板的「非黑則白」的想法（Neuringer, 1974）。典型的語法大概是「如果我在下禮拜沒有找到工作，我就會去自殺」。

13. 有壓力的生命事件。在生命當中，如果有太多自己不想要且帶來負面結果的事件，就會提高自殺危險（Isherwood, Adam, & Hornblow, 1982；Cohen-Sandler, Berman, & King, 1982）。有些最近生活中發生的事件，可能會使個案的自殺危險變得非常高。例如 Ellis 和她的同僚（1982）發現，在多元事件受害者中，受到性侵害的人，有百分之五十二曾經試圖自殺。

14. 從住院中解脫。Beck（1967）提出：「有資料清楚地指出，離開醫院度週末，或者剛剛出院的這段時間，是自殺危險最高的時期。」（改寫自 Pope, 1986, pp.17-23）

特殊人口

　　雖然不管是男人或女人，在人生的任何一階段，都有自殺的可能性，但還是有部分人口需要我們特別去注意。認識不同年齡

及不同性別間之差異的重要性，對自殺評估是很重要的。

處於青春期的人

在十五到二十四歲這個年齡層，自殺位居死因的第三位（排在意外及遭殺害之後）。

在 Lewinsohn、Rohde 及 Seely（1996）最近的研究中指出，他們抽樣一千七百零九名十四至十八歲的人，發現其中有百分之十的女生及百分之四的男生曾經嘗試過自殺，在樣本中有百分之十九的人承認，在他們人生的某一個時間曾有過自殺的念頭，而曾被診斷出有憂鬱傾向的人有過自殺念頭的比例則高了兩倍。對於年輕的黑人男性（十五至二十歲）來說，遭殺害是死因之冠（接下來則是意外和自殺）。

青春期的女性與男性相較起來，女性嘗試自殺的頻率比男性高，然而自殺成功的男性和女性之比例則是在五比一至三比一之間（因年齡不同而有差別）。如我們所知道，在青春期時，自殺的比例是滿高的，平均每九十分鐘就有一個年輕人自殺（Hayes & Sloat, 1988）。在前一章我們曾討論過生命的變化經驗，還需要認真看待因為這些變化經驗而帶來的失落，青春期是一個具有戲劇性改變的時期，所有處在青春期的人都一定會經歷到失去「幼時的我」以及找出「新我」的形象的經驗，但就像 Hetzel、Winn 與 Tolstoshev（1991）提醒我們的，青春期也是一個充滿冒險的時期，「青少年嘗試去證明他的不凡能超越死亡及其所隱喻的意義。」失落經驗的結合，以及認為自己是無懈可擊的想法，促成青少年有一種不尋常的自殺行為趨勢。在青春期時，每十萬

人中約有十五到二十個人自殺，而其中還少報了約百分之二十三（Brent, 1995）。促成這種輕率行為最常見的原因有人際之間的衝突、學校問題，還有法律上或是紀律上的問題。

Cappuzzi（1994）發展出了一套引人注意的校內預防自殺計畫。以下這些因素，是他認為促成青少年自殺的原因：

1. 青春期本身的變化，還有其所牽連的對生活型態的選擇（藥物使用、賭博等等），以及對成人形象的幻想瓦解。

2. 家庭功能不全：功能不全的家庭有好幾種型態，在這樣的家庭成長會使得青少年較脆弱，易被沮喪及盤旋不去的自殺念頭所傷害。

3. 缺乏溝通技巧：「家中曾有青少年嘗試自殺或自殺成功的大部分家庭，家長和孩子之間的溝通都不十分理想。」Berman及 Jobes（1991）還有 Brent（1995）所做的研究中發現，大部分自殺的青少年覺得不被了解，和家人溝通不良，或者曾經驗過其他外在的壓力來源。

在我們之前對支持系統的描述中，曾經強調過要了解個案對接收到的支援的感覺，而不是只從助人者的角度來決定何者才是支援，這個概念在此也是很重要的。

Cappuzzi 也將其他因素列入考慮，如：單親照顧的困難，混合家庭帶來的困擾，家長正面臨中年的壓力，學業成就對青少年造成的壓力，藥物取得的容易，以及不穩定的家庭。毫無疑問的，以上這些是促成青少年自殺的因素，也是評估工作中很重要的背景資料。

這些因素加在一起，還有取得藥物、酒精類、槍枝的容易，

造成潛在的高致命性。由於自殺的意念可能會隨不同的情境、自殺方式的可用性及可取得的程度而起起伏伏，選擇的方法便由可用性來決定。在 Brent（1987）對年輕人的酒精濫用、槍枝取得及自殺的研究中，他發現喝酒加上槍枝取得的容易，戲劇性地提高了青少年自殺的可能性：當多喝了一些酒，又可拿到槍的時候，舉槍自殺的可能性便提高了。這情形普遍發生在病人經過喝酒帶來的興奮後，慢慢冷靜下來的階段。

在有取得槍枝管道的白人男性身上，最能明顯看到自殺率的增加。這個族群的危機因素，會隨著與酒精及其他物質濫用的交互影響而提高。

青少年必須被教導一個觀念：不要隱瞞和朋友間曾提及與自殺有關的溝通，這樣的保密會造成難解的謎語。對青少年來說，同儕團體具有很大的重要性，而且他們對自己對朋友的忠誠引以為傲（尤其相對於來自家長的影響）。但是他們必須知道，分享朋友的自殺計畫並不是背叛保密原則，這是一種關懷的表示，可以延長朋友的生命。在 Shneidman 的研究中我們可以看到，對任何考慮自殺的人來說，找出更多的可能性是很重要的，青少年們需要一再地得到確定，那就是他們沒有必要自己扛起這個工作。將朋友的自殺計畫告訴可能可以幫忙的大人（不一定是父母），是對朋友一種愛的行動。

家中有自殺者的父母比家中青少年沒有自殺舉動的父母有較高的沮喪、兩極性疾患的發生率，及酒精和藥物濫用的情形。有高物質濫用現象的家長，除了基因上的責任之外，還將一個高風險的環境傳給孩子。而槍枝的易於取得，對儲藏槍枝的疏忽，也

是很明顯的影響因素，家中一把有子彈的槍甚至對沒有沮喪傾向、自殺念頭或物質濫用的青少年來說，都是一個危險因子。不沮喪的青少年，當遇到有取得負彈槍枝的途徑時，自殺發生率就有可能會高出三十二倍。任何一種青春期的精神疾病——包括憂鬱症、混合型兩極性症狀、物質濫用，或是傳導性疾患——會使自殺發生率提高十七倍（Brent, 1995）。

　　大多數自殺的青少年對即將來臨的自殺行動都曾經給過口語或非口語的線索。Brent（1995）發現，有百分之八十三的青少年在死前約一個禮拜就曾威脅過要自殺，而 Berman 和 Jobes（1991）則說：「青少年們很少會直接去求助，大多數自殺的孩子會透過他人的指點，如朋友、家人等，而得到幫助。但不幸的，同儕或是家屬在面對這些惡兆時，很少會給予指點的意見，尤其是在社會文化非常看重保密的時候。」（p.124）

　　由於任何生命的危機都可能造成自殺，任何人，不論成人或小孩，只要感覺到被危機情境擊潰，不知所措的人，都應被視為有高度自殺危險。我們將 Berman 和 Jobes（1991）的青少年危險警訊檢核表改寫如下：

一、誰處於特殊的危險？
　　‧沮喪的學生
　　‧有物質濫用情形的學生
　　‧有暴躁、衝動或情緒不穩定記錄的學生
　　‧反社會、手勢動作多、有疾病性的行為的學生
　　‧邊緣的、孤立的獨行俠

· 一板一眼、力求盡善盡美的明星型人物

· 有精神疾病的學生

二、其他危險因子

· 家族中曾有人自殺

· 處在身邊有同儕或親人自殺的狀況中

· 無助感

三、危險警示

(一)溝通

1. 在校內發表的文章、詩句、日記、期刊、藝術作品中有關於自殺的內容；專注在與死亡、死後世界等等有關的主題上。

2. 與課程內容無關的關於自殺的問題

(二)警告的行為

1. 威脅要自殺

2. 無法控制衝動

3. 暴躁

4. 有可用的致命方式

5. 之前曾有過自殺行為、自殺意圖

6. 結束行為，如：撰寫遺囑，分送有價值的財物，預作死亡準備

7. 突然的行為改變。比如做超出原本性格的事、情緒不穩等等

雖然 Lewinsohn、Rohde 及 Seely（1996）在研究中也發現，抑鬱，自尊低，認知方面的不足及人際上的失敗，失去父母，朋友有人自殺，青春期身體突然成熟的改變（只指女生的），有可

得到槍枝的途徑等，都是會造成青少年自殺很重大的危險因子，最具效力的自殺預告便是之前曾嘗試自殺。因此他們建議，在帶領個案進入輔導關係前，就要先問清楚現在或過去的自殺想法及嘗試經驗。

這些因子使得如 Capuzzi（1994）的計畫變得更加重要。Capuzzi 的學校自殺預防計畫堅持所有校內人員，如校長、老師、輔導員、餐廳工作人員、舍監人員等，都要接受訓練。沒有人會知道青少年會在何時，向誰，直接的或間接的，吐露自殺的想法。

老年人

老年人是所有年齡層中自殺率最高的！曾有人估計過，在美國每一年死亡的老年人中有約一萬人是自殺致死的。我們看到至少有四個主要的原因和老年人的自殺有關：失喪經驗的累積，對酒精和藥物的依賴，退休及伴隨退休而來的經濟上及社會上的問題，因孤立於社會而導致的寂寞（Stillion, McDowell, & May, 1989）。因為老年人更常會遭遇失喪，所以「失喪經驗的累積」一詞應該是指「老年人必須要克服一連串急劇的失喪，而且沒有足夠的時間，來準備面對每一個失喪所帶來的悲傷的解決方案的情況」（p.172）。從我們的臨床工作上可以知道，當在一段很短的時間內經歷了很多的失喪，憂鬱沮喪可能就會變成一種持續的狀態，這些失喪包括了個人的能力，還有與人的關係。

性別

從事「女性研究」的 Stone 中心提出一個強有力的事實：女

人是在一個充滿關係的情境中長大的！他們覺得，如果一個女人對和她有情感上關聯的人付出行動，卻被鄙視、被嘲笑或被處罰，於是她的「關係的世界」被壓縮，她的力量被壓縮，她的完整性也被壓縮，這樣的經驗就會導致她有自殺的行為。

雖然男性完成自殺的比例比女生高三倍，可是嘗試自殺的統計中，女性就佔了百分之七十到八十，不過真正成功的只有百分之五到十。

隨著女性就業的比例增加，女性的自殺率也跟著下降了。

女性自殺行動的核心在於，覺得沒有希望從與他人的情感關係中來增加和保持自己的力量，而自殺以及拋下所有關係的決定則與女性自我定位的核心互相違背。

女性中，嘗試自殺的人與自殺成功者是屬於兩個不同的危險群。典型的嘗試自殺者是年輕的、未婚的白人女性，來自於混亂的家庭且現在仍與家人同住，曾有過長期的人際衝突，曾嘗試自殺。

而典型的自殺成功者則是較年長的、獨居又沒工作且已婚或是寡婦，這個人可能酗酒，可能有法律上的麻煩，而且已經很少去求助於別人。而在自殺之前發生的事件通常都是在工作方面受到羞辱。

男性的嘗試自殺者也是獨居的，孤立於社會之外的，使他們有自殺企圖的是失去在工作上的地位，最明顯的原因就是原本的自負及自尊受傷，而對照來看，引起女性自殺的重大事件則是與人關係的破裂，兩者都會令人感覺自己沒有價值，可是來源卻不相同。然而如果你讓個案看到他自己產生的無價值感，可能會加

深個案的恐懼，所以很重要的是把個案的自殺行動重新詮釋，這個自殺的嘗試是個案最後的努力，希望能在這個由關係構成的世界中，被注意到及被承認，這也是個案與人連結的最後一試。幫助她看重及相信她與人際關係有關的能力，等待匯入與他人關係的可能性（Kaplan & Klein, 1991）。

評估技巧

把所有我們提過關於自殺的部分合起來，可知你的評估計畫應該將焦點放在：

1. 計畫的特性——計畫內容是什麼，計畫得多詳細
2. 方式的殺傷力——選擇的方法危險性多高
3. 選用來完成計畫的方法的可行性
4. 在計畫中幫助個案的可能性
5. 個案的自殺史
6. 心理疾病病史

基本上，進行自殺評估有兩種方法。Motto（1992）告訴我們：

我們可以把進行自殺危機評估的方法分成兩種：「臨床上的」及「經驗上的」。臨床上的評估是一種以面談的方式，引出關於一個人詳細的人生經歷、人格特性，以及適合的需求。有效率地實行該方法，可以使檢查者辨認出，在何種情境下最有可能引發特定個體的自殺行動。而經驗上的方

法，是另一種極端，則包含了調查一些在已經做出自殺行動的人身上，明顯觀察到的項目，加上暗自的臆測，認為這些觀察到的東西應該可使正被評估的個人列為「類似處於危機中」。臨床上的方法是較費時間的——假設被評估的人頭腦清晰，口語表達清楚，而且願意合作；還要有助於個案能冷靜回應的場地；另外，為了有最好的結果，還需要有經驗且受過良好訓練的專業人士！換句話說，用經驗來進行評估方法相對地就快多了，通常只要幾分鐘；可以參考各種來源的資料；適用於緊張繁忙的環境，如急診部門或是危機的第一線；而且不需要有許多年的良好訓練及經驗，也可以有效率地完成。（p.626）

　　比較保險的說法是，很少有負責評估自殺危機的人專門只用其中一種方法。最好、顯然地也是最常用的方法，其實是視可用程度兩者皆採用，要注意的是，何者功效最好大部分取決於場地、情境、可用的時間、被評估的個案情況及合作度。還有，也是最重要的，施行評估者的訓練、經驗及風格。一般的型態會從循線問下去的臨床問題開始，如：「現在發生在生命中，讓你感到痛苦的是什麼？它對你的思想、情緒及行為帶來什麼影響？」還有最後，「你能忍受得住嗎？」接在這些問題之後的通常是把焦點更集中在經驗方面的問題，比如過去是否曾經企圖自殺？有沒有生理上的疾病？有沒有使用藥物或喝酒等等。很多單位都會使用經驗評估表，尤其是住院的精神病人團體及危機電話處理中心。當綜合簡短的臨床上及經驗上的問題和來自第三方面的可用資

訊之後，再加上注意到統計上如年齡、性別、人種等項目，
臨床工作者便準備好去評估危機的層級了。（p.627）

特定問題

　　不論是有經驗還是沒經驗的評估施行者，因為沒有適當的問
題可以問，常會覺得他們無法去討論自殺。如果在你心中對個案
可能自殺有任何疑問，你一定要問：「你有沒有想過傷害自己
（或自殺、死掉）？」如果答案是「有」，你就必須再問：「你
有沒有計畫過這件事？」如果所得到的是含混、不清楚的答案，
仍需要與個案有進一步的討論，只是致命性較低。可是，如果病
人講出一個非常清楚的方法，那你便要緊接著問下去。要求個案
描述方法及方法的明確性，也就是這個方法會在何時何地如何發
生。接下來確定個案是否真的有能取得自殺方式的辦法，如果這
個方法是槍，便要檢查在個案所處環境中拿到槍的可能性。若是
使用藥物則更複雜，因為大量服下任何一種在一般藥房櫃台賣的
藥，都可以致命。如果自殺計畫是模糊的，可是自殺方法是可致
命的，比如槍枝，那就必須要非常注意了。在我們的案例中，作
者之一（B. W.）會堅持要個案把槍交出來給她，而另一作者（E.
B.）則堅持個案必須安全地保管這把槍，不管是哪一個案例，都
把擁有槍枝視為是一個具有高度危險的情況。詢問個案關於過去
自殺的表示或自殺的歷史是很重要的，要了解這個訊息的重大意
義，請參考下面以 Shneidman 的研究為基礎的段落。

假設你正在盡可能有效率地使用你所有的傾聽技巧，不帶任何批判地了解以及同理個案，你可以聽出個案的痛苦，但此時你必須使用「鏡射－同步－轉換」的範本：傾聽個案，調整你的步伐以配合他／她，反映他／她的感情並做出回應，然後將它慢慢地轉向另一個方向。

任何一個對處理自殺想法的建議都會要求助人者要主動些。個案選用的方法愈有致命危險，計畫愈明確，助人者就必須愈具指導性。

- 首先，付出任何努力讓個案放棄他所選的方法，如果可能的話，將這方法移除。幫助個案丟掉儲存備用的藥丸，收回每一把槍，或者指定與個案較親近的人——如好友或親人——來做這件工作。
- 如果個案是小孩子或者青少年，勢必要打破保密原則，而且要通知其家人或是親近的朋友。
- 不管年齡多大，都要建立一條「生命線」：列出一張希望看到個案活著的人們（或至少一個人）的清單，讓個案在你的辦公室或者你進行這項工作的地方通知他們這個狀況。如果個案不能做到，你必須得到她的允許，替她完成這件工作。在這段難過的時期，這張單子上的人需要和個案保持聯絡，可能還要實際地陪在她身旁，如果不行，而且個案的求死決心相當強的話，就要把個案帶到醫院的急診室去。
- 和個案訂契約：這件事應該以「我會馬上開始和你一起來處理那些嚴重困擾你的痛苦，不管是立即可見的或是隱藏在後的因素」的事實為中心，在這段期間你們將要並肩作戰，延

緩個案意圖自殺的決定。我的一個同事管這契約叫**活下去的生命契約**，如果把它寫出來會更具意義。

· 立即處理這個主題：如果你覺得自己沒有足夠的技術來處理，可將病人轉給一個你覺得可以馬上見他的人；就算你質疑自己的技能，如果個案現在很信任你，這對個案來說會是更重要的。若是這種狀況，盡快找一個可以督導你的人。可能的話，使個案的憤怒活動起來，如果憤怒可以被引起，而且能將其發洩在外，那自殺的可能性便會降低。非語言的憤怒表達方法（如第七章所描述的）在此時可是非常有用的。

· 盡快約定下一次的會談時間：要記住，週末對任何在痛苦中的人來說是最難過的。如果你在週五見到個案，將你和他的會談確定安排在週一早上。

· 制定行動計畫：幫助個案計畫會談與會談之間的時間（尤其是如果要過一個週末的話），這樣會較有建設性，而且盡量不要讓個案有太多時間獨處沉思。

· 隨時可用電話聯絡到，如果情況需要的話。

　　Motto（1992）告訴我們：「當問了所有的問題，也獲得了答案之後，便可對自殺危機程度做出客觀的決定。它可能和危機評估表的結果不盡相同……甚至不能以清晰的推論或道理來解釋，簡單地說……就是所有曾被收集的資訊的總和，並在一個不完全是意識的層面來進行分析。你可以稱它為『直覺』。」（p.628）

　　Motto 繼續說明，我們會潛意識地收集資訊，以及口語的及非口語的線索。他說：「在我們已經盡力收集資訊之後，接受直

觀感覺成為我們評估自殺危機的導引者是很重要的。」讀到這段文字可能讓你很驚恐，尤其是如果你才剛開始進入這個領域的話，要怎麼做才能相信自己的直覺呢？經歷多點時間，得到多些經驗，讀書、學習、多聽、多看都是達到這個地步的好法子。很多年以前，我們的其中一位作者有一個病人，她在突然地離開她上一個治療師之後，變成作者的個案，當時她是一個大學新鮮人。而作者一直沒有同意她成為個案，除非她回去找原來的治療師，並解決她突然離開治療師的原因。個案同意接受，她和那個治療師進行了最後一次會談，並因為試圖自殺而在醫院待了一個週末。當她再來和我們的作者（B. W.）──這個她被告知的新治療師──開始療程時，很明顯地，治療師行程非常繁忙，而且不希望浪費幫助這個個案的力量在其他的自殺動作上。個案同意這點，她在治療過程中有了很顯著的進步，最後也結束了她的療程。治療師下一次聽到她的消息，是因為她要申請進入心理學的博士班，需要一份證明書。這是一個在個案嘗試自殺後保持指導性態度的特例，是不是可以用在所有的自殺個案身上？當然不是。這只是一個關於直覺的功能及經驗，證明你終究可以相信直覺。

了解自殺

自殺，或是自殺的可能性，絕對不是可以簡單應付的！你個人對生命的神聖感覺，再加上要拯救一個看似快要被吞噬的生命的挑戰，可以使你對個案的回應動作變得複雜。然而，如果你對

個案內心的折磨了解更多，你便可以更適當地回應個案，並更能同理個案。自殺研究學家 Edwin Shneidman 在一九八五年他的《自殺的定義》（*Definition of Suicide*）一書中，提出了十個一系列的卓見，讓我們對自殺的人有較多了解。我們將這些內容大部分照著 Shneidman 的文字保留下來，因為他在這領域多年的經驗及研究，給了我們一個對自殺者的想法的清楚藍圖，而他對自殺的一般特性描述也伴隨有 Shneidman 的臨床規則。

　　Shneidman 的自殺特性描述如下：

1. 「在精神上或身體上無法忍受的痛苦是刺激自殺的常見原因」（p.124）。人類會試著逃離痛苦，所以一定要把自殺行為視為是一種脫離難以容忍的情緒，不能承受的痛苦，還有無法吞下的極度苦悶的行動。

　　Shneidman 的臨床規則：減少受苦的程度，通常只需要一點點，個案就會選擇活下去。每一個個案有他獨特的門檻，依據事件性質來裁定何時「到此為止」（p.10），這個特性對助人工作者的意義便是，即使你只能促成最小的變動，不管是在問題解決方面或是在情感表達上，就可以影響個案執行他的自殺決定或重新評估這個決定。永遠不要隱晦對自殺者適當的干涉的重要性，即使那個干涉對你來說並不大，它對個案來說可能只是「何者是可容忍的」與「何者是不可容忍的」間的差別。學生們總是害怕對自殺者干涉或是做回應，因為他們沒有經驗。可是其實任何一個介入，都有助於顯示出你對這個人的在意，以及幫助他／她重新評估這些痛苦情形的誠摯努力。

2. 「常見的造成自殺的壓力源是心理上的需求受到挫折……人類的行動是為了滿足人類的各種需求。」（p.126）顯然地，如果一個人到了要自殺的階段，那個人必定有心理上的重要需求沒有被滿足的經驗。

Shneidman 的臨床規則：「將重心放在那些被挫折的需求上，便不會發生自殺，把焦點放在那些被阻撓的需求上。」（p.127）

而這部分在臨床上要如何應用呢？舉個例子來說，通常當一件災難發生時，個體便會退回到他們像孩子般的信念系統中心去。這個系統告訴他們，因為他們基本上是不被人愛的，所以活該要受苦。在危機中，我們沒有時間去耗在對這個信念系統之真確性的漫長探索，針對此有兩個相當快又有效率的方法。一個是認知法，此法將焦點放在基本的非理性想法，而且幫助個案以一個較理性的想法重新詮釋。例如，說出他愛的人的名字。另一個是情感法，它鼓勵個案當自己內在小孩沒有被愛的部分的代理父母，並且破除原來想法的魔咒。可以鼓勵個案把枕頭、洋娃娃或是其他東西當成內在小孩，給予他一些一直尋求不到的愛；對待他的方式就如自己會怎麼對待自己的孩子；增強內在小孩對自我的感覺；向他保證他是值得被愛也是值得活下去的。這會是一個很令人感動的經驗。

這兩個方法都很有用，而對使用技術的選擇則是根據對「收縮－擴張連貫」的考量，還有治療師運用此方法的能力。

3.「通常自殺的目的是要找尋一個解決的方法……自殺並不是一個隨便的行動，它絕不會是無意義的，也不會沒有目的。它是問題、進退維谷的困境、受束縛的狀態、挑戰、困難、危機、無法忍受的情況……的出口，每一個自殺在那個人看起來都是最好的、最可能的解決方法。」（p.129）。

　　Shneidman 的臨床規則：「了解那個不能解決的問題。」（p.129）對此我們加上了「發掘其他可能的解決辦法」。這在創傷情境中是不容易的，而且助人者要準備好，才能專心並具指導性，以獲得必要資訊；還要準備好面對很多的抗拒以及「好……可是……」的行為。個案可能早已更加堅持地下定決心，而且憎惡你提供的任何解決方案，但千萬不要讓這情形阻礙了你！雖然個案可能會直接對你及你對解決方案的堅持感到極度不耐及憤怒，可是這些憤怒卻可以給你另一個進入個案的心理歷程的入口。處理自殺最有效的方法就是激起個案的憤怒，並且使其毀滅自我的衝動外顯出來，處理他的憤怒並重新給予方向。

4.「自殺一般的目標是中止意識。自殺是一種走近 —— 走向『中止』 —— 個人意識及身體或精神上的極度痛苦的徹底停止；也是一種離開。這個中間的矛盾心理就是想活下去，卻又不能忍受壓力。」（p.129）

　　Shneidman 的臨床規則：「採取實際的步驟 —— 和人們聊天，進行處理，聯絡機構……這需要一個親切的人來擔任，一個有效率的『民怨調查官』。」（p.136）所有危機工作的大致方向，就像 Parad（1965, p.36）說的：「只做他們不能

為他們自己做的。」我們在別處曾討論過「對個案有幫助的」和「養成個案的依賴性」之間的差別，也知道一個人在創傷時期中，要養成對助人者的依賴關係有多容易。然而，當你在處理自殺個案時，你會發現一種麻痺的狀態，個案似乎被痛苦、刻板的想法，及單一的信念凍結住。在這種狀況下，即使助人者直接介入一點點來幫助建立團體內的關係；或是協助個案發展一條朋友及家庭的「生命線」，都可以先不要擔心關於依賴性的問題，反而有時候還可以救命呢！

5. 「在自殺中常見的情緒是無助……無望。」（p.131）自殺者的經驗是「無力，就是覺得『我什麼都不能做而且沒有人可以幫助我』……還有遇到逆境挫折時，便承認被擊敗的傾向……以及極強大的孤寂感……我們害怕還會有比現在遇到的更糟的事情發生……死了總比發瘋好……一切到此為止」（p.132）。我們的臨床規則是，從認知的觀點來說，要去幫助個案看到關於精神失常、發瘋的恐懼是可以被重新解釋的。而從經驗的觀點來說，則是將已存在的孤寂感表達出來，而助人者需要開始發展聯繫支持系統的工作，其目標是建立一種讓個案有被授與能力的感覺，如此一來，個案便會覺得其實他還是有很多可以做的。

6. 「通常引領走向自殺的內在態度是矛盾的心理──覺得自己一定要自殺，但也同時一直渴望，甚至計畫得到救援及介入。」（p.135）

　　在這裡我們的臨床規則是，要每一次都非常仔細地傾聽這個矛盾心理，並知道不管這個人說過些什麼，在他心中，永

遠都會有一點生命火焰的閃動！助人者的工作便是注意個案的生命火焰的任何一個指標，支持它並將它擴大，幫助個案將焦點放在上面，它永遠會在那裡！

7.「自殺中常見的是認知狀態的壓迫……並非精神病、精神官能症或性格異常……指的是……情感及理智上短暫的心理壓迫……而鑽牛角尖、窄化及專注於可用建議的範圍，是個人可能常會產生的意識狀態──不是某些特別的……神奇的完全解決方案就是完全的中止……選擇的範圍被限制到只有兩個……自殺的狀態中最危險的部分就是被壓迫……任何企圖補救的措施都必須要去處理這種異常的壓縮……你需要在心智上有能力來檢視超過兩個以上的可選建議的範圍，並作和結束性命一樣重要的決定……或者──當你想自殺時絕不要自殺！」（p.138）

Shneidman 的建議是，放寬心理上的限制並且增加可選擇的方法。而我們的方法則是，與個案約定不能自殺，直到我們共同努力了一定的時間，或直到達到某些標準的方法，來幫助個案延緩自殺的決定。另一個可能的方法則是某些非口語的表示方式，例如釋放憤怒練習（請參考第七章），它可以幫助個案將他／她的想法從狹窄的壓縮，轉換到有更多的感覺及可用方案的較大範圍。

8.「自殺者常見的人際關係的動作是意向的溝通……心理學上追溯許多過往的自殺案例所做的事後剖析，有一個最吸引人的發現是，在大多數的自殺案例中，對即將來臨的致命事件都有清楚的線索……將近百分之八十的自殺死亡是有線索的

……在自殺腳本的主要部分，平常的兩人互動中，人們會有意識無意識地放出有煩惱的訊號，懇求救援的回應及機會。在自殺者身上常見的人際關係的行動不是敵意、暴躁或毀滅，而是意向的溝通……並非完全是要求幫助。首先，這溝通並不一定是哭——可能會是大叫、喃喃自語或無言沉默的溝通；而且也不一定是要求幫助——可能是要在某些領域內求得自主權，個案的自殺宣示有，說出『我要離開了，你將不會再看到我——我再也受不了這些痛苦了！』之類的話，將事情安排好，把有價值的財物送給別人，而且一般來說，會用某些不同於本來行為的舉止，來表示在紛亂的心理狀態中不能控制的情緒。」（p.144）

我們臨床上的規則可以由我們對進行自殺評估的指導方向看得出來。要記住，因為自殺永遠都有可能，所以助人者需要對任何 Shneidman 提出的指標保持警覺性；還有無論何時，只要可能，助人者需要通知在個案生命中的其他人這些已出現的指標。個案需要被告知，只要有傷害個案或其他在個案生命環境中的人的可能性發生時，保密——這個在所有助人工作中的基本概念——隨時可以被強制停止。

9.「自殺中常見的行動是出走——通常是由苦痛造成的離去或逃走、離開、遁逃或擺脫——是一種遠離，一種逃亡。」（p.144）

我們的臨床規則是：拓展其他的反應方式，如果解脫是必要的話，開發別種領域的解脫，例如從一個關係解脫、從一個工作解脫等等。這部分可以在現實生活中完成，也可以透

過幻想或視覺的想像來達到。

10.「在自殺中常見的一致性是，一輩子面對危機的方法是一致
的：人們不用經歷死亡過程——過了這個過程便都朝死亡前
進——的任何一套標準順序才能死。我們從之前個案生命中
發生的情節，看到一種和個案對痛苦、威脅、失敗、軟弱、
無能、脅迫的反應一致的情緒表現。」（p.148）在垂死的人
們心裡有很大的一致性，自殺的人也是。

　　「……但是自殺是沒有先例的行動——以前從來沒有完成
過它。我們一定要參考之前生命中的混亂事件，以及個案能
承受的心理上的痛苦的量……還有造成原本的出走模式的思
考二分法……」（p.148）

　　Shneidman（1985）說明，在 Terman 從一九二一年至一九
七〇年在史丹佛大學所做的研究中，追蹤調查了一千五百二
十八個有才華的男性及女性，因為他們的人格特徵或是習以
為常地面對威脅、痛苦、壓力、失敗的反應方式，發現可能
有五個在五十五歲時自殺的人，在三十歲時就可以預測到。
我們在整本書中曾不只一次地說過，人的創傷時期不會在廣
大的生命歷史中留下任何寶物，可是簡單的問句如：「你之
前有沒有面對困境、危機等等的經驗？如果有，你是如何回
應它們的？有沒有效？」卻能提供關於生命的行為模式的重
要線索。

　　在評估及回應自殺的可能性中，整合及了解我們已經討論過
的所有資料是很重要的。

暴力

暴力的來源

我們不會將暴力視為與危機或創傷連結在一起的反應。在先前關於失喪這個概念的討論中，我們講解了失喪在每一個危機與創傷中的中心地位。就如我們所說，失喪可以被內化成難過或哀傷，也可以被外射成憤怒。當這個憤怒發生在某些在遺傳上或是行為上較特殊的人身上時，便會導致暴力行為。

創傷在現今生活比以往更容易見到，而傳播媒體還每天將之帶進家庭的神聖殿堂中。傳播媒體的侵入使我們有成為「第二級創傷受害者」的可能，暴露在其侵略中，對那些暴力個體帶來的潛在性刺激會比形式上的刺激來得多很多，還會再引發之前造成他們行為有問題的原因。

不是只有創傷帶來暴力，每一個突然發生的暴力，也會為那些受害者及被波及到的人帶來另一個創傷經驗！重複的失喪，比如是創傷造成的，會「製造」出心中充滿戾氣及暴力行為的人。現今北美的社會結構創造了一個產生失喪的源頭，而這源頭是會帶來危機的。由於離婚率一直維持在百分之五十左右，我們的社會正在經歷一連串傳統家庭結構的瓦解，這個情況不只造成了父母失去伴侶，也造成孩子失去了原本預期的安定。而由樹狀家庭

——有祖父母、姨嬸叔伯、表兄弟、堂姐妹等，以及其他傳統的支持系統——帶來的傳統的安全網也愈來愈不可能了（Wainrib, 1976）。隨著可以幫助緩衝生命中所遇到之打擊的親愛的人愈來愈少，大人及小孩所承載的失敗超過了原本可容納的情形便愈來愈多。

此外，根據加拿大的統計（*Suicide in Canada*, 1992），目前的經濟壓力使得雙薪家庭的數目增加，而單親家庭在過去二十年來也呈雙倍成長，這些經濟的情況為家中負責家計的人帶來更大的壓力。當家長處於這樣的壓力之下時，他／她可能會對孩子表現出心不在焉及不能常與孩子在一起，而孩子們都會自動地假設，父母會保護他們免於遇到意想不到的狀況，就如同那些創傷事件的狀況一樣，還會救他們。然而，當父母給孩子帶來一些經驗，讓孩子覺得父母是無能的，孩子便不只經驗到危機本身固有的失喪，還有來自於被遺棄的二度傷害的感覺。這樣子的經驗可能會讓孩子心中容納失敗的水池滿出來，而二度傷害的感覺也會使孩子更加脆弱。

人口流動性的增加對每一個家中成員也暗示著失喪的增加。每一次搬家，每一個成員便要再重新創造自己的小團體及支持系統，而失去朋友對大人和小孩來說都是有影響的。然而，成人有較多的經驗可循，且知道自己有能力再去建立新的關係；對小孩來說就不一定了，源於搬家的每一個失喪都會累加在孩子的失喪經驗上，這可能會讓孩子在遇到創傷時更容易被傷害。

還有研究顯示，當創傷發生時，有這類背景的孩子會面臨較大的危機，在第三章中，當檢查孩子的特殊需求時，我們曾看到

這個狀況。Pynoos 等人（1987）與其他人也提出過，家長的焦慮、恐懼及緊張會對孩子造成二度創傷。

　　如果我們將憤怒與暴力視為對失喪可能有的反應，便可以開始了解社會中暴力行為的增加是為什麼了。性別角色的改變也是形成這狀況的原因之一，在某些男性看起來，不管是經由他們工作的經驗，或是透過他們的婚姻及人際關係中的平衡的改變，而感受到的性別角色的改變，都是對其雄性自我的一種威脅。我們已經看到因性別角色改變帶來的激烈反應好一陣子了，而且針對女人的暴力行為發生率還在持續增加。當然，大眾傳播媒體提供的示範，也減低了成人及小孩對暴力行為之真相的敏感度，使其對暴力不以為然，每天所有的人們都被一種「如果有人打你，你就要更大力地打回去」的態度影響，電視上的卡通人物及電腦遊戲更是歌頌暴力行為的例子，而在大部分的地區，可以很容易取得致命的武器，再加上英雄偶像的示範，在遇到困境或有威脅的場面時要使用這些武器。以上這些因素造成了一些可能會令你感到害怕的統計數據：在美國每十萬個人中，就有十個人是被殺身亡的，而在一九八七年，有百分之五十的殺人事件是發生在家庭裡，其中有三分之二的女性是被他們的男性伴侶所殺的（Browne, 1987）；在一九八六年，美國和加拿大的老年人受虐比例增加，達到了老年人口的百分之四，而且每六件案件中只有一件被舉發出來（Hudson, 1986）。Ross 及 Hoff（1994）認為，加拿大已經在關於受害婦女的議題上表現了驚人的領導能力，除了有幾個有聯合資金贊助的研究調查中心之外，加拿大是第一個通過聯邦政府強制逮捕毆打妻子者的法律的國家。不過，在加拿大，還是有

一半的加拿大女性都曾是暴力人身攻擊的受害者（Stati stics Can-ada, 1993）。而在美國，Michael Mantell 博士（1994）寫過一本名為 *Ticking Bombs* 的書，其中提到一九九三年的一個研究，在一年內（1992 至 1993）有二百二十萬的人在工作中成為身體攻擊的受害者，六百三十萬的人指稱曾受到威脅，而有一千六百二十萬的人告發受到騷擾；此外，那些於工作場所受到攻擊的，有六分之一的人指出，對方用來攻擊他們的武器是可以致命的。Lalla（1995）也提出「百分之十五到二十的住院醫生至少會被病人攻擊一次」（p.3）。工作場所中的暴力不只會在工作的地方發生，常會超出工作的地方之外，而且就像在 Eric Huston 的案例中，經常會離開這個工作地點，到對有些人來說根本想都想不到的場合。一九九二年四月 Eric Huston 在惠普公司的工作被終止，之後他用一把獵槍和一把點二二手槍殺了四個無辜的人，但並不是在惠普公司，而是在他位於加州的高中母校。他回到學校，將他的憤怒發洩在那些他認為沒有將他充分訓練好去做這份工作的人，其中還包括了給他建議的輔導員（Mantell, 1994）。

　　在整本書中我們一直強調，身為一個專業助人者，我們致力於創造一個安全的地方，一個在我們專業的環境中的庇護所。我們試著創造一個充滿平靜、信任及保護的環境，但是暴力一樣會玷污這個庇護所。危機工作者一定要嘗試將這個庇護所帶到任何一個他們可能會被召去工作的地方。不過即使在一個和平之地還是可能會有暴力的存在，為了你的個案及你自身的安全，你絕對要了解暴力並知道如何去評估暴力的狀況。

暴力評估的要素

以下是在評估暴力方面的重要因素：

1. 年齡：暴力行為在青春期及成人期的早期是最多的，而在四十歲後開始愈來愈少。

2. 性別：男性較女性有可能犯下暴力罪行。

3. 種族：少數民族在暴力犯罪案件中佔了不成比例的數量。先不管 VandeCreek（1989）關於種族差異的論調，Lalla（1995）說：「沒有哪一個種族比哪一個種族更暴力……當一個人因為社經因素而調整自己時……在關於暴力的社會因果論中認為，最主要的決定原因就是極端的貧窮及婚姻的破裂。」（p.5）

4. 智商：情緒的易變性和暴力的衝動性似乎和智商有負相關。

5. 學業表現：在年輕的暴力者身上可以看到，他們在學校的成就和他們的能力並不相符。

6. 藥物和酒精濫用：這部分與暴力行為呈正相關。

7. 控制衝動的歷史：暴力個體在過去便有顯示出衝動行為的歷史，如突然的離職、輟學等等。

8. 犯罪記錄：過去經常有暴力行為——如攻擊和打架、殺人、損害財物、酗酒及破壞風紀秩序、開車魯莽不小心、蓄意縱火、殘忍的襲擊、家庭暴力施暴者等等。

9. 個人過去有受迫害：曾為受害者的人顯然較可能表現出暴力行為。

10.企圖：個案會表現出傷害別人的企圖。

11.計畫：個案會敘述攻擊的計畫。

12.同儕系統：重要的他人鼓勵用暴力。

13.工作狀況：被雇用的可能性以及工作滿意度與暴力呈負相關。而即將失去工作和長期沒有工作，都和戲劇性的情緒轉變有關係。

14.暴力使用方式的可能性：個案持有致命的武器且知道如何使用它們。

15.扮演可能的受害者角色：大多數攻擊別人的暴力罪行是發生在熟人之間。

16.焦點：如果有一個清楚的攻擊焦點及明確地指出受害者為誰，那暴力的可能性便相當高。

17.家庭狀況：個案的家庭鼓勵暴力。

18.重複性：暴力常常是一種過去暴力情形的重演。（改寫自 VandeCreek, 1989）

　　有些基本的事情就是，助人者要認識暴力，不僅要能評估暴力的狀況，還要保護自己免於暴力。

　　有幾種暴力是屬於預知的過程，它們是立即、衝動的反應，非常快地出氣在激起暴力的刺激體上。如果我們可以用使個案把焦點集中在自己的方法，讓個案將注意力停在自己身上，你就可以延遲一部分預知的過程。利用 Rogerian 學說的一個簡單方法，如反映感覺，你就已經開始在使那個暴力轉向了。如果你懷疑有暴力的可能，那麼首先你必須要使個案將焦點集中在他自己身上。

　　我們已經知道，暴力的人對事情的結果沒什麼感覺，缺乏邏輯上一致的思考，因此他們想不出多一點方法來解決問題。所以助人者需要盡快建議一些解決方式，很快地進入焦點解決的工作中，例如在第四章裡提到，處理那個被開除的建築工人的方案中，助人者就需要提供給個案幾個在手邊馬上可以得到的資源，例如哪裡可以獲得應急的錢、失業保險、告訴他的家人這個青天霹靂的消息的方法，這方法可能需要諮商員的協助、對於他的家庭可以提供的幫助，以及其他類似的當務之急。研究也指出，較具攻擊性的人在真正去做以前，比較不會去多收集一些資訊，因此愈可以快點提供暴力者資訊的人，愈可以使暴力者冷靜下來。

　　其次，你需要知道誰會是暴力的。前面 VandeCreek 的表中提出一些特徵，可以幫助你意識到可能的暴力行為。此外，暴力行為也可能是遺傳的作用或由生命經驗中學習而來的。對於其背景中有這兩種其中之一的人來說，就連最輕微的刺激——一個聲音、看到的東西、一種氣味、一個地方——都可以喚起他所有過去經驗的記憶之連結，包括由經驗本身聯想到的部分。舉例來說，假如你在孩提時代常常在一個有點熱、又有濃郁的食物味道的房間裡，被有虐待傾向、又酗酒的父母反覆地毆打。現在，你是一個成人，你的上司已經決定要開除你，而且是為了一些你覺得一點道理也沒有的原因。不管怎樣，現在他選擇用他自以為是文明的方式來宣佈這件事，他找你出來共進午餐，他選的餐廳異常擁擠，而且有點熱，還有很強烈的餐點的味道飄散在空氣中。一旦你聽到你的上司打算說些什麼，不用理性的思考，你的記憶連結就會把你連接到你的童年，回到那個讓你感覺無助的場景，

並且引發出你與這經驗有關的連結反應。你覺得自己又是那個無助的孩子，又面對這個強壯、成熟的大人，擁有那些痛苦的回憶，也有想將那些發生在你身上的不幸報復在你的上司身上的衝動。然而，Lalla（1995）覺得一個人不需要有這樣的童年經驗，也可能會有這樣的反應出現，他說：「一般而言，任何人在適當的情境之下，都有身體上的攻擊行為的能力。」這是一個更為使人沮喪的看法。

Maxmen 及 Ward（1995）也警告我們：「永遠不要以為一個態度溫和的克拉克肯特（Clark Kent）症病人不會在你面前傷害一隻蒼蠅……暴力的傾向趨向於以兩種明顯的型態表現出來：持續的封鎖或壓抑，不時被突然的爆發打斷，還有，如例行公事般常態的爆發憤怒及破壞性行為。有些是只對特定對象——如配偶——的例行暴力。」（p.25）

Lalla（1995）給我們這一張關於要小心的行為清單：

- 外表：有顯示出酗酒或藥物濫用者的指標。
- 身體的動作：緊抓住椅子的把手並坐在椅子的邊緣上，大嗓門，走來走去。這些現象可能是急性的焦慮或是藥物、酒精的戒斷徵狀。
- 不衛生：可以顯示出個案可能是精神異常或者沒有接受醫療照顧。
- 疤痕或刺青：可能暗示有暴力的生活方式。雖然在我們的學說中一直試著不要存有偏見或是太老套，不過真的有研究指出，參與這些活動的人是比較有暴力傾向的（p.14）。

　　焦慮不一定是個好指標，因為在精神疾病者的個性中可能不會表現出焦慮。要注意冷漠，如冰山的外表，還有在提供你駭人的內容及特定的攻擊計畫時的愉悅（Lalla, 1995）。

可以被控制的刺激物

　　其實有些東西是你可以控制的！溫度和擁擠二者都已被認為是激起暴力的因素。適度的高溫可以鼓動暴力行為！

　　當蒙特利爾全民醫院（Montreal General Hospital）擴建及改進了其重度精神疾病照護單位的通風設備之後，工作人員受到身體攻擊的比例少了將近三分之二！

　　研究也顯示出，暴力者對於溫度所需要的身體緩衝區平均來說，比非暴力者大了四倍，此外暴力的人背後所需要的安全空間，也顯著地比前面需要的安全空間來得大（Lalla, 1995）。侵入這種區域會造成焦慮及自發的生物性激動，而由背後接近一個有暴力傾向的人也可能會是危險的。我們會在第七章中談到身體的安全領域以及關於碰觸的議題，在其中也會分開來討論暴力的可能性。

如何保護自己以免受到暴力個案的傷害

　　保護措施包括：

1. 使自己的環境保持安全。最好不要讓個案很容易看到或拿到如拆信刀、裝著熱咖啡的咖啡壺，或是可打破的東西等，有

可能致命的武器。

2.讓你的椅子保持在靠近門的位置，如果可能的話，選一個較輕的椅子坐，這樣在受到攻擊時，你可以拿起椅子當作盾牌來保護自己。

3.用口語的方式，如我們之前提過的，表達同理心及問題解決方法，可以幫忙減輕個案的焦慮。如果這些還是沒有什麼用，不要覺得可恥，走出晤談間並找人來幫你，別擔心讓個案知道你會害怕，這樣也可以提供一些現實感的測試，讓個案知道不是只有他處在這種不知所措的感覺之中，他並不孤獨。我們的一個作者（B. W.）的同事曾經被一個有暴力行為記錄的學生搭訕，這學生在和她說話時愈來愈激動，這使得她愈來愈害怕，最後她終於告訴那個學生說：「你跟我說話的方式，讓我覺得與你獨處在這裡很不舒服，所以我必須叫警衛來。」她的行為馬上觸動了這個學生，他知道自己嚇到她了，也有點擔心警衛的到來，所以他很快地向她道歉並離開了。

4.如果你被一個攻擊你的個案困住時，你可以採取來保護自己的措施有：

- 側立著。這樣使你身體上容易被傷害的部分露出較少，也可以用你的手臂和腳使個案的攻擊偏掉。
- 手臂保持像拳擊手的姿勢，這樣可以保護你的臉和脖子。
- 縮下巴，護住你的頸部動脈和氣管。
- 如果你被抓住了，試著去抓攻擊者的手腕並且阻礙他的呼吸。

- 使用你辦公室內的任何東西，如枕頭或書，這樣如果對方用尖銳的武器攻擊你時，就可以用來保護自己。（Lalla, 1995）

檢核清單

利用接下來的檢核清單評估有暴力或自殺可能性之個案。

1. 情況有多危急？
2. 情況有多嚴重？
3. 個案的反應適當的程度？
4. 個案現在正處於擴張－收縮連貫線上的什麼地方？
5. 個案認知上的、情緒上的及行為上的功能如何？
6. 個案擁有哪方面的資源？

   內在的

   外在的

   社群團體的

   精神上的

7. 個案需要什麼？有多迫切？
8. 有沒有心理上疾病的可能？
9. 暴力的可能有多少？
10. 自殺的可能有多少？
11. 建議的追蹤計畫為何？

參考資料

Beck, A. T. (1967). *Depression.* Philadelphia: University of Pennsylvania Press.

Beck, A. T., Kovacs, M., & Weissman, A. (1975). Hopelessness and suicidal behavior: An overview. *Journal of the American Medical Association, 234,* 1146–1149.

Berman, A. L., & Jobes, D. A. (1991). *Adolescent suicide assessment and intervention.* Washington DC: American Psychological Association.

Beutler, L. E. (1985). Loss and anticipated death: Risk factors in depression. In H. H. Goldman & S. E. Goldston (Eds.), *Preventing stress related psychiatric disorders.* Rockville, MD: National Institute of Mental Health.

Brent, D. A. (1987). Alcohol, firearms and suicide among youth, temporal trends in Allegheny County, Pennsylvania, 1960–1983. *Journal of the American Medical Association, 257,* 3369–3372.

Brent, D. A. (1995, April). *Depression and suicide in youth: Antecedents and treatment.* Paper presented to McGill University Meeting on Depression and Suicide in Youth, Montreal, Canada.

Browne, A. (1987). *When battered women kill.* New York: Free Press.

Capuzzi, D. (1994). *Suicide prevention in the schools: Guidelines for middle and high school settings.* Alexandria, VA: American Counselling Association.

Cohen-Sandler, R., Berman, A. L., & King, R. A. (1982). Life stress and symptomatology: Determinants of suicidal behavior in children. *Journal of the American Academy of Child Psychiatry, 21,* 178–186.

Ellis, E. M., Atkeson, B. M., & Calhoun, K. S. (1982). An examination of differences between multiple and single-incident victims of sexual assault. *Journal of Abnormal Psychology, 91,* 221–224.

Hayes, M. L., & Sloat, R. S. (1988). Preventing suicide in learning disabled children and adolescents, *Academic Therapy, 24*(2) 221–230.

Hetzel, S., Winn, V., & Tolstoshev, H. (1991). Loss and change :New directions in death education for adolescents. *Journal of Adolescence,14,* 323–334.

Hudson, M. F. (1986). Elder mistreatment: Current research. In K. A. Pillemerand & R. S. Wolf (Eds.), *Elder abuse: Conflict in the family* (pp. 125-166). Dover, MA: Auburn House.

Isherwood, J., Adam, K. S., & Hornblow, A. R. (1982). Life-event stress, psychosocial factors, suicide attempt and auto-accident proclivity. *Journal of Psychosomatic Research, 26,* 371-383.

Kaplan, A.G., & Klein, R. (1991). *Women and suicide—The cry for connection.* Wellesley, MA: Stone Center for Research on Women.

Kazdin, A. E. (1983). Hopelessness, depression and suicidal intent among psychiatrically disturbed inpatient children. *Journal of Consulting and Clinical Psychology, 51,* 504-510.

Klerman, G. L., & Clayton, P. (1984). Epidemiologic perspectives on the health consequences of bereavement. In M. Osterweis, F. Solomon, & M. Green (Eds.), *Bereavement: Reactions, consequences and care.* Washington, DC: National Academy Press.

Lalla, F. A. (1995). *The violent patient.* Montreal, Canada: McGill University.

Lewinsohn, P. M, Rohde, P., & Seely, J. R. (1996). Adolescent suicidal ideation and attempts: Prevalence, risk factors and clinical implications. *Clinical Psychology: Science and Practice, 3,* 25-46.

Mantell, M. (1994, August). *Ticking bombs—Defusing violence in the workplace.* Paper presented at the annual meeting of the American Psychological Association, Los Angeles, CA.

Maxmen, J. S., & Ward, G. (1995). *Essential psychopathology and its treatment.* New York: Norton.

Motto, J. A. (1992). An integrated approach to estimating suicide risk. In R. W. Maris, A. L. Berman, J. T. Maltsberger, & R. I. Yufit (Eds.), *Assessment and prediction of suicide.* New York: Guilford.

Neuringer, C. (1974). *Psychological assessment of suicidal risk.* New York: Charles C Thomas.

Patsiokas, A. T., Clum, G. A., & Luscomb, R. L. (1979). Cognitive characteristics of suicide attempters. *Journal of Consulting and Clinical Psychology, 47,* 478-484.

Petrie, K., & Chamberlain, K. (1983). Hopelessness and social desirability as moderator variables in predicting suicidal behavior. *Journal of Consulting and Clinical Psychology, 51,* 485–487.

Pope, K. S. (1986). Assessment and management of suicidal risk. *Independent Practitioner, 6*(2), 17–23.

Pynoos, F., Nader, K., Arroyo, W., Steinberg, A., Spencer, E., Nunez, F., & Fairbanks, L. (1987). Life threat and post traumatic stress in school age children. *Archives of General Psychiatry, 44,* 1057–1063.

Rosenbaum, S. (Executive Producer). (1995). *Investigative reports: Cops on the edge.* New York: Arts and Entertainment Network.

Ross, M., & Hoff, L. A. (1994). Teaching nurses about abuse: A curriculum guide for clinical practice. *Canadian Nurse, 90*(6), 33–37.

Shneidman, E. (1985). *Definition of suicide.* New York: Wiley.

Stillion, J. M., McDowell. E. E., & May, J. H. (1989). *Suicide across the life span.* New York: Hemisphere.

Suicide in Canada. (1992). Statistics Canada, Suicide Information and Education Centre. Calgary, Alta, Canada.

VandeCreek, L. (1989). Assessment of dangerous behavior. *Psychotherapy Bulletin, 24*(2), 17–19.

Wainrib, B. R. (1976). *A tri-level model of human support and its applications.* Unpublished doctoral dissertation. Amherst, MA: University of Massachusetts.

Wetzel, R. (1976). Hopelessness, depression, and suicidal intent. *Archives of General Psychiatry, 33,* 1069–1073.

[第七章]

整合與總結：
實用篇

本章大要

- ·積極主動的傾聽：新的內容或是複習
- ·身體的訊息
- ·從個案的角度來看自己
- ·傾聽的方式
- ·要不要觸碰個案？
- ·更有效的傾聽方法
- ·非口語的技巧
- ·降低焦慮的練習
- ·正向的增強
- ·睡眠練習
- ·照顧者在創傷中該做的回應
- ·角色扮演
- ·和媒體一起合作
- ·建立心理健康回應團體
- ·文件存檔，工作檢討與評論
- ·結語

積極主動的傾聽：新的內容或是複習

　　這一章將會談到許多現有的可實際運用在危機與創傷工作中的東西。對某些讀者來說，本章的部分內容將會是一種複習，「積極主動的傾聽」一節即為其中之一。任何在專業助人領域中工作的人可能都會認為，傾聽是大家都知道的事，可是在我們訓練來自不同領域的專業人員的經驗中顯示，每一個人都可以從再溫習傾聽中受益。學生，剛進入這個領域的新手，到熟練的專業人員，不管是第一次聽到或是再一次複習，都會因這個基礎的部分而獲益。此外，經由練習此章中所提到的角色扮演，讀者將會體驗到，到底實際面臨危機及創傷情境會是什麼感覺。

　　在前面的章節中，我們引述了 Carkhuff（1971）的話，他告訴我們助人者提供了「可以獨處的庇護所……在逐漸逼近的世界中喘息片刻……無論如何她都會照顧個案的保證。」要如何才能做到呢？

身體的訊息

　　雖然大家都知道助人工作者的焦點會全心地放在個案的身上，可是在處理危機情況時記住這個事實還是很重要的。姑且不管它好的用意為何，當你身處在大慌亂之中時，你可能必須要記

住，你是要在那兒一次聽一個人說，而且必須全神貫注在他身上的。你要如何向個案保證你完全是為她而來的？在第二章裡我們討論了身體上和個案處於同等層次的重要性，同樣的在一段危機時期中，由你的身體來傳達訊息是很必要的。記得軀幹上部傾向個案並完全地面對著他，在你們兩個都覺得舒服的範圍中，將你的身體盡可能地靠近個案，你的姿勢必須同時是又緊張又放鬆的。

在第四章中我們曾討論過自我檢視，你需要知道你自己的姿勢，並且在整個工作過程中觀察它。防衛的姿勢可能是將手臂或腳交疊在前，身體僵硬，或是保持著非常遠的距離，而這個防衛姿勢可能是一種對於個案告訴你的內容的同步反應。認識這些對你的介入計畫可能會有幫助，然而它也可能是一種反移情作用的反應，反射出你在處理個案問題上的困境。如果真的是這樣，你必須要評估在這情況下你是否可以完成工作；如果你一直有這種感覺，或許便是和你的督導員討論這個案例，或者將個案轉介給其他人的時候了。

如果你覺得自己愈來愈煩躁，可能是你正在問你自己：「我為什麼在這裡？」縱使你沒有這樣想，個案也可能會得到這樣的訊息。所以你的行為和想法必須要一致，還要適當地敏感到個案的情緒。

從個案的角度來看自己

　　花些時間在本章中提到的每一個角色扮演情境中放入這個練習。花些時間來檢視你的身體及你的面部表情，並且試著透過個案的眼睛來看你自己。

　　當你完全同步地和你的個案在一起的時候，你會突然觀察到你的姿勢是模仿個案的姿勢的！臨床工作者常會發覺自己以自己也覺得奇怪的姿勢坐著，不過他們發現這正是他的個案在採用的坐姿，這就是真正地和某個人步伐一致的同步感覺！

　　眼神接觸在建立溝通關係的任何時間都是很重要的，它也是在助人工作中的基本要件。請記住，每一次危機可能都會帶來對信任的動搖，一個信任的危機。這個對於信任的危機會形成疑問，懷疑個人到底可以多相信這個世界。此時你和個案正在一起處理危機，你代表了這個世界，所以**你必須製造一種信任的氛圍**。由於個案先前曾受過創傷，缺乏信任的感覺會被擴大好幾倍，你的眼睛就是你和個案的溝通中最能看得到的部分，而個案會仔細地觀察它們。即使會有幾次因為個案本身的痛苦而阻止他和你保持眼神的接觸，你的眼神接觸還是必須要保持下去。

傾聽的方式

　　在處理危機或創傷的實際工作中，你可能必須利用到多種不同的傾聽方式，而其中有些方式會比其他的更為有效，接下來的練習與討論將會有所說明。在你處理危機與創傷的工作時，可能會需要用到其中一個方式，然而，每一個方法都有其限制。就如同接下來你將看到的每一個活動，都會告訴你不適當的傾聽可能會帶來什麼樣的負面衝擊。

練習 7.1：傾聽

　　將團體成員分成四個人為一小組，小組中的四人分別被指派擔任 A、B、C 及 D，每一次輪到的學生要對小組裡的其他成員說一個故事——不一定要是充滿情緒的，而其他三人會被指示要做什麼反應，一個人約進行三至四分鐘，在第一輪中，學生 A 是說故事的人，在每次只要 A 學生一停頓，小組的其他三人就說些不相關的話。

　　第二輪的時候，學生 B 說故事，其他的三個人提出一些表面評論。所謂「表面評論」，指的是聽故事的其中一人以自己的方式談論 B 所說的故事中的一個字或單個概念，例如，「你是從堪薩斯州……來的，我太太有一次曾開車經過那個地方……」

　　第三輪，學生 C 說給其他三人聽，而他們做出疑惑的反應

（問問題）。

　　第四輪時，學生 D 講述故事，而小組中的其他三個人要表達有競爭性的想法（例如：「你覺得這件事很糟糕，哼，讓我告訴你在我身上發生了什麼事！」等等）。

　　對於參與者來說，練習中的某些經驗可能會有點熟悉，因為它反映出了平常與朋友之間的典型對話。但是這些練習經驗在治療的場合並不適合，尤其在危機的介入計畫中。不管是打岔的、表面的、疑惑的或是競爭的回應方式，都會使說話者覺得沒人聽他說話，好像自己是隱形的。當這個情形發生時，說故事者不只會覺得他的故事不恰當或是不值得一聽，還會覺得自己是沒什麼價值的。沒有被人聽到會造成說故事者覺得自尊被侵蝕，個案的自尊可能已經因為危機或創傷的發生而有所動搖，任何的打擊都會帶來更大的影響，因為危機經驗本身所造成的脆弱，任何以我們的方式所做的溝通，都會影響到處於危機中的人自尊的核心。所以眾所皆知的是，每一個傾聽者都必須要先將自己的個人想法擺在一邊，然後全心地與個案在一起，下面的討論將會示範一些方法，其中很顯然的包括這個概念。

不相關的建議

　　當有這樣的反應出現時，個案會覺得自己被隱形了，是完全不存在的。而在這個班級活動的課程中，可能有些學生會去努力引起注意並且讓別人看到他的存在。其實，必須要這樣做才能有真正被聽到的感覺，真的是一件很累人的事情，對於那些身處危

機的個案來說，他們真的沒有力氣來為得到注意而奮鬥。

　　當說話者覺得沒被聽到，可能會產生一種反應，即是把感覺內化：「我不值得被聽到，我的痛苦沒有什麼意義，或者我可能只是一個笨蛋，才會認為我的經驗是很重要的！」這種挫折會導致一種將煩躁外射的反應，如衝動的尖叫或大吼，或者可能在某些案例中，會有暴力行為的產生。此類挫折也會造成感覺的內化，致使個案覺得「我不重要」，或是「我的故事不重要」。上述兩種反應，和在此重要時期我們需要讓個案產生的有能量及健康增強的感覺，是絕對相反的。

　　在創傷反應的情境中，可能有許多事情會在瞬間發生，而且有時打斷是因為現實的原因所致。當你必須打斷個案的陳述時，你一定要再次向個案保證，你還是有聽到她所說的事情，並且與她同在。

表面的建議

　　表面的建議對於諮商員來說，通常會被當成是「壓力的解救者」，而且有時是可以用來降低個案的焦慮的，因為這樣，諮商員可能會在與個案的談話開始難以處理時，粗心地使用這種建議。表面的建議常常起始於諮商員的自由聯想，它們可能與諮商員的個人想法有關，對於個案來說卻沒有什麼意義，助人者的自由聯想絕對不可以污染及干擾個案所說的話。

　　表面的建議也可以用來控制對話的深度。它們會送出一種訊息，就是助人者並不願意再深入去談個案正在說的事情，也會干

涉到個案的想法及感覺。個案收到這個回應並調整自己，然後丟回「不要深談，拜託！」的訊息。表面的建議，就像剛才我們討論過的不相關的建議，都會加強「沒有人關心我，我沒什麼價值」的感覺，其反應便是變得更戲劇化地去企圖獲得被聽見的感覺。

經歷一段危機或創傷的時期，也會使個案懷疑他／她自己的心理功能。她或他可能不再相信她／他的記憶或是對於現實的接收能力，當他／她收到對他／她的陳述的反應是表面的時候，這種潛藏的恐懼便會加深，個案可能會懷疑自己告訴你的事情究竟是真的或純粹只是自己的想像。

在危機工作中，可以由助人者引發必要的表面建議。例如，個案可能會以淺談的方式提到這場災難，可是助人者需要一些關於這個經驗更深入的資料來界定客觀的嚴重性，如果是這樣的狀況，你必須以一種讓個案知道你正在回到他／她的故事當中，只是需要繞一些遠路來得到必要資訊的方式來進行。

對助人者來說，在使用表面的回應時，可能有兩個想完成的工作：一個是獲得更多資訊的需求，在這方面，執行表面反應會有效果且有時候是必要的；而另一個是延伸自助人者個人的「想知道」的好奇需求，這可能就和個案的需求沒有什麼關係了。如果你進行了一些表面的工作，你必須要注意個案的反應，看看她／他能不能保持自己故事的主線，或者她／他准許你的打擾使她／他分心。個案的思緒是不是已經失去了方向？如果是的話，幫助她／他回到自己的思考軌道上。

由於身為助人者的壓力，可能會使你想去做一些這種溝通，

但你一定要能夠將談話拉回來，並以個案需求為主。

問題

　　干涉，尤其是具疑問性的干涉，會是很有力量的！雖然在危機時期中有一些問題是必須要問的，但重要的是要了解問題及詢問者所扮演的角色。如果你持續以問句來對話，很快你就會發現詢問者有掌控互動狀況的權力。然而還是有**良性的與惡性的問題**之分。良性的問題會慢慢引導個案走到任何他似乎該去的地方，而惡性的問題，就如某些表面的建議一般，只是為了滿足詢問者想知道的需求，而且常會分散個案對於那些該被擴展的部分的注意力。良性的問題可以使個案有真實的感覺，覺得和詢問者有一種和諧的關係，它們能與個案配合，並且幫助個案向著她努力想到達的地方移動，這些良性的問題來自於真正的傾聽及幫助，並使個案往前進。而好的詢問方法應該像是有效率地划獨木舟一樣──一起和諧的移動，使個案的敘述往前進。它們也會使你得到你需要的資訊，尤其是為了評估的時候。如果得不到這樣的效果，且個案堅持要游離迷失，那你便可以得到一些指標，就是可能這些經驗使個案太痛苦而不想去碰，或者，有一種最極端的感覺是，個案正處於非常痛苦的狀況，所以她開始從事件中分離出來。

　　有時候就算問題本身是良性的，個案可能還是會得到「趕快跟上來，轉到對事情的追蹤調查上」的訊息，並且覺得「我最好說快一點，在我還有機會的時候，把我的故事全部說出來！」，

這其實是代表傾聽者沒有尊重個案的腳步。學習在你想要丟出問題前去等待個幾秒鐘，還有學習去解讀個案臉上的表情及眼神的移動，通常都可以幫你預防這樣的情形。太多的問題會讓個案覺得自己受到攻擊，這件危機對她所做的事情，她又要再度面臨一次。有些疑問也會使個案保持在經驗的表面層次，不允許其擴展更深的感覺及反應。

有競爭性的反應

危機介入計畫中的自我坦露有時會有幫助，因為它可以讓創傷事件的存活者覺得有希望。舉例來說，有時候對個案坦露你曾經歷過類似的狀況，而且你已有能力去使傷口復原會很有用。然而，就像我們在第四章討論過的，其他的時候個案可能會有「是啊，你夠強壯，你變得比較好了。可是我現在太虛弱了，根本不想去嘗試」的反應。這反映出個案的感覺，她覺得你的自我坦露已經是一種競爭，加重了她無法通過考驗的感覺，也加重了她認為諮商員是個全能者的感覺。在危機中，個案可能對於她的故事及她自己都不太確定，而且會覺得其他任何人碰到這些情況都可以比她處理得好，這些想法會帶來一種覺得自己是平凡的感覺。競爭性的反應會簡單地帶出另外的指標，就是個案可能是不能適應的，如果你要使用自我坦露的方法，一定要小心，同時要增強個案的力量及可能有的能力。

為了要讓你知道某些人在危機中的敏銳感受度，讓我們以一個學生與個案的對話作為例子。個案說：「我最近剛喪偶。」當

這個學生回應：「我知道，我曾見過很多喪偶的人」（他覺得這樣說會使個案恢復信心）之後，個案卻說：「是啊，我猜一定有許多我這樣的人吧！」然後談話便到此結束了。還有人是當他們感受到競爭性時，**會收回**自己的感覺。在災難後的小團體中你可能會遇到這樣的情況，當團體在進行輪流講述時，有些存活者會覺得「我的經驗並沒有像你的那麼恐怖」。所以注意身體語言，例如猛然地在椅子上坐下來，將它視為收回感覺的表現，並對其保持敏感是很重要的。

要不要觸碰個案？

正如 Kertay 及 Reviere（1993）告訴我們的，「觸摸是一種個體間溝通的主要形式。從簡單的握手，到有祝賀意味的摟抱，再到性方面的相擁，人與人之間的觸碰永遠是人類所呈現的溝通的一部分。」然而，治療者與個案間的觸碰的使用一直是最讓人質疑的，而在危機或創傷情境中，這個部分變得更為敏感。在觸摸的使用中舉足輕重的主題有：

1. 個案的個人及文化背景
2. 安全及不安全區
3. 危機經驗所帶來的衝擊

個案的個人及文化背景

　　每一個人都有他／她自己個人關於觸碰及被觸摸的範圍或是個體安全區。如果你對此有疑問，在課堂上可以做一個傳統的個體安全區的練習：將全班分成一半，各靠在教室的一面牆上，當接到指示時，這兩半人馬朝彼此前進，每一個人對著對面的人走，直到他們到達個人能忍受的安全程度為止。在做這個活動時，班上的成員可以去討論，他們從自己的家庭及社群得到什麼，而構成他們適當的與不適當的靠近。你將會觀察到有很大範圍的差異性，而這些差異性是需要被尊重的。

安全及不安全區

　　Desmond Morris（1971）告訴我們，一個人去觸碰另一個人的時候，一般是有些變數可以影響自在的感覺的。最不具威脅性的區域是背部、手臂部分，可能還有大腿靠近膝蓋的地方。任何在個體面前的東西會使其變得較敏感，也覺得較易被傷害到，而愈靠近身上的性器官，個體的敏感度當然就會愈高。所以如果你決定要試著以觸碰的方式來安慰個案，記得要從背部，或是其他相對來說比較安全的部分（例如，手）開始。對於觸碰背部唯一的例外是，當助人者懷疑個案可能有暴力行為的時候。在第六章我們討論過，已經有人發現暴力個體的背部區域有較敏銳的感受性，在這種情況之下，我們更要提醒你要多加小心。

危機經驗所帶來的衝擊

　　然而，決定是否要使用碰觸這個方法最重要的因素便是個案的反應。當你決定要去碰觸個案時，你應該秉持非常高的實驗精神，把手伸向個案並且要極細心地觀察其反應。當你有這樣的認知後，先去觸碰個案身上一個安全的地方，然後等個一二分鐘來界定個案的反應：如果你從口語或非口語的表達感受到不舒服，即使是一點點，也要馬上將你的手收回來。在經歷危機的那段時期中，觸碰會是很能撫慰人心的，然而它也可能會是很危險的。在此時個案可能會覺得很無力，且沒有辦法告訴你這個觸碰使其覺得不舒服。同樣的，如果這個個案在之前曾受過身體上或性方面的暴力及騷擾的創傷，你的碰觸可能會使個案回想起過去受到的侵害，這樣的經驗對個案來說會是危險的。

更有效的傾聽方法

　　想要繼續培養或複習有效的傾聽技巧，我們必須要將焦點放在某些地方。這包括了培養對於步調的敏感性，發展一般的話題，以及加深感動。

　　學生們應該從自己正確或不正確的反應，或者經由其對於反應不恰當的調整腳步，開始能夠意識到他們可做到的幫助或可造成的阻礙。尤其是在危機的介入計畫中，個案會處於一種沮喪或

是心神煩亂的狀態，時間（或是步調）對於助人者來說可能就是一個困難，一是因為要去使個案感覺好過一點，助人者會覺得有壓力；另一點是個案的焦慮及痛苦會帶來壓力，使得助人者個人的焦慮層次也隨之升高。此外，跳過我們在第四章提出過的警告，永遠都會有引誘你向個案展示你有多聰明，及脫口說出一堆能馬上讓個案被影響的了不起的、具洞察力的、神奇的建議的誘因存在著，而在傳統的治療情境中，後者就已經夠讓人頭大的了。在危機的介入計畫裡，助人者只能見到個案很少的次數，於是前面所述便成為一個關鍵的議題。然而我們不能太過於強調回應的時機會有多重要，回應得太快只會使個案終止更進一步的表達，而不會使其敞開心胸。特別是當一個人處在很大的痛苦之中時，你的沉默可能會是個案最珍貴的避難所！剛進入這個領域的學生在忍受沉默上都有滿大的困難，所以我們需要做一個重要的練習活動，讓你在要做介入的動作之前先等上個五到十秒鐘。

練習 7.2：忍受沉默

兩人一組進行這個練習。

學生 A 是說話者，學生 B 是助人者。記得要練習非語言的姿勢及眼神的接觸，還要試著讓你的行為能配合個案的情緒，而當你在練習把你的回應延緩得愈久愈好時，要把焦點放在反映說話者所說的內容上。除了上面所提醒的部分，再試著在回應之前先等五秒鐘，然後讓你的個案給你回饋。

在這一章的這個段落結束之前，你還會看到關於這些及相關

主題的更進一步的練習。當一次的角色扮演完成之後，和你的夥伴交換角色並嘗試看看後面所列出的情境，盡你所能地去試試每一個狀況，不管是兩人一組練習，還是你一個人，或者和團體或班級一起練習。

非口語的技巧

　　這部分的訓練包括了要受可以用在危機介入計畫中的非語言技巧的影響，還要與它們一起做實驗。如果這些技巧會讓助人者覺得不舒服，那麼她將會抗拒使用它們。因此在課堂上，學生需要去參與示範這些技巧。

　　有些練習是屬於生物能量學導向的。所謂生物能量學是關於治療法的一種學說，而這種治療法最初是由 Alexander Lowen（1977）及 John Pierrakos（1978 年的私人談話）發展出來的。他們的研究基本的切入點是，在我們還不會說話，還沒學會使用語言之前，我們的生命就已經歷了一些對我們來說有意義的事件。雖然在我們對於危機介入計畫的練習中，不一定要應用生物能量學理論的主要部分，但我們卻可以利用一些他們的研究結果，也就是那些感覺區由於位於體內最有用的位置，因此最能夠透過身體動作來做非口語上的表達。

　　其他的練習則是由放鬆及減壓活動所發展出來的。當使用這類練習的時候，應該應用的原則，就像我們在口語方面的介入計畫中所用的學說的原則是一樣的，就是要注意到收縮的個案及擴

張的個案的不同需求。收縮的個案可能會非常抗拒感覺方面的表達（例如，關於憤怒的練習），但是這對他們來說可能是最有幫助的！而擴張的個案則可能會渴望進入到更戲劇化的感覺表達上，但是，此時你的角色是要將這個能量導向到能成功地將焦點放在問題解決上！再進一步去放大個案感覺方面的範圍，對他／她來說並不是最有利的。

還有，請記住一個人在危機之中會有多容易受到傷害！他們可能會輕易地棄守自己的權力，並且允許你帶領他們進行練習，這練習對原來的他們來說是不會接受的。助人者在決定何種練習對哪個個案較有效這方面，必須有很好的判斷力，而個案本人的自尊也絕不能受到損害。要克服這些部分的一個方法，就是助人者和個案一起進行練習，這樣可以幫助個案克服抗拒及不舒服的感覺，尤其在高度防衛及理智的個案身上更為真確。曾經有一個這樣的個案告訴我們其中一個作者（B. W.），她本來要質疑她是否夠格作一個治療師，如果她必須要依賴這些非口語的練習來進行諮商的話。很久以後，在她的治療即將結束，正在回憶她曾學到些什麼而何者有效果的時候，她吐露說，在她原本的抗拒被克服之後，那些她以非口語的型態所做的練習，是這段療程中最具震撼也最令她難忘的。非口語的練習很可能是非常有力量的工具，可是它們絕對要在一種尊重個案的氣氛下才可以使用。無庸置疑的，我們必須強調助人者在做這些練習時覺得自在是很重要的，如果助人者自己都覺得不舒服，那個案也會經歷到這種不舒服的感覺。此外，個案才剛經過一段困難的時期，並不會希望自己在自己或助人者的眼中看來像是在耍猴戲，所以你和個案一起

做這些練習是非常重要的（至少在開始的時候要一起做）。如果你覺得你做不到，或許你便沒有能力來使用這些技巧；然而如果你覺得做這些練習以及和個案分享它們是自在的，那麼你就會擁有很多有效的可用方案！

　　另一個好處是，這些練習會給個案一個實在的技術，而她可能在離開你的辦公室後可以自己來使用它。如果你記得我們曾討論過，危機個案對於針對現在這種情況能即刻完成一些事情的感覺的需求，那麼你就會了解這些練習可以額外帶給個案一種掌控感，覺得自己馬上擁有了一項減輕不舒服的工具。這是一種安全感的象徵，就好像是隨身帶著醫生的處方箋一樣。

降低焦慮的練習

　　有好幾個原因可以說明，非口語的練習在危機時期中是非常有效的。第一個原因是，危機使我們追憶起還不會說話前的無助經驗，這個經驗可能被鎖在我們的身體裡而不是我們的思想裡，藉著准許身體像它本來一樣說說話，無助就可以被轉換成有力量的感覺。另一個原因是藉著使用這些技巧，我們也可以幫助個案和他們的身體做溝通，還幫助他們學習到他們可能有一套身體的壓力反應模式，這個學習可以幫助個案找出他們個人的「壓力中心」，且把這些當成是一種先期輔導或是防範教育：一旦可以認出在其身體的某些部分對於壓力的反應最快，他們就會變得能夠意識到壓力正在升高到一個會造成問題的層次，並用適當的步驟

來降低它。這種自覺可以是面對新的危機情境時的指標，藉著使用這個早期的警示訊號，接下來個案便能將在這部分所學到的所有克服危機的系統應用出來，而這些練習也可以滿足個案要從與你的接觸中帶一些東西回家的需求。

在所有非口語練習裡，助人者一定要知道，每一個個案回應不同感覺的部位不同。有人可能是由脖子經驗焦慮，另一個則是由胃；而有人會將憤怒停泊在手臂，另一個則是從大腿感覺它。作者（B. W.）的一個個案在處理他的憤怒時，看起來卻好像對一些傳統的發洩憤怒的練習沒有反應（請看下面的「離開我的背」練習），然而不論何時他看來像是在為某些事情生氣的時候，他的腳就會踢出去，於是治療師為這個案設計了踢腳練習，而他的憤怒便輕易地發洩出來了。所以不管在什麼時候，助人者都需要去觀察個案是如何使用自己的身體來做自我表達的。

練習 7.3：呼吸練習

對所有幫助個體冷靜的方法來說，最基本的就是使用每一個人體內最有力量的工具：我們的呼吸。如果一個人可以察覺到呼吸的運用有多有效，那麼他便能長保改變壓力層級的能力。

任何這一類的練習都可以站著或躺下來做。

要意識到你自己的呼吸！自在且輕鬆地呼吸，並將你的呼吸幻想為一個寧靜的呈現，它能進入你的體內並帶來平靜。將你的呼吸導向位於你的肚臍下方，練瑜伽的人稱為哈若（Hara）的地方，想像你的呼吸往下行進到了那個地方，並在這樣做的時候鎮

靜了全身，然後去察覺你身體任何一個緊張的部位，把你的呼吸帶到那塊肌肉或是區域，並感受一下當你的呼吸觸摸到它們的時候，能帶來多大的放鬆。現在把你的手放在腹部之下的那一點，也就是你引導自己的呼吸去的地方，在你這麼做的時候，感覺你的手臂變得愈來愈放鬆。看你需要多長時間來感覺身體正在放鬆，就繼續下去吧！

　　每一個在危機中的個案都會從這個對自己呼吸的簡單覺察中獲益！

練習7.4：集中練習

　　這是一個生物能量學方面的練習。

　　站著，將兩腳分開約十吋，膝蓋微彎，腳趾向內，成滑雪者所謂的破雪姿勢。保持膝蓋的彎曲，讓你的上半身往前傾並把頭往下，直到你的頭呈倒吊著，並已盡可能地接近你的腳了。深深地呼吸，用你的手指尖來讓身體保持平衡，膝蓋還是保持彎著，慢慢將腳跟踮起離開地面，當你這樣做的時候，體驗一下貫穿你的腿及全身的振動！保持這個姿勢，能撐多久就撐多久。然後慢慢把腳跟放下踩在地上，膝蓋仍然是彎著的，再慢慢抬起頭，讓上半身回復到原來的位置，接下來把你的手臂舉高超過你的頭，用手臂來探索周圍的空間，察覺一下在這個世界上你所擁有的空間。在你做這些動作的過程中，隨時和自己的內在中心保持聯繫，如果可能的話，大聲地喊出來：「我還活著！」

　　這個練習幾乎和呼吸一樣地攜帶方便！很多個案會在不同的

地方進行這項練習，例如在他們的辦公室，在公共廁所的個人小空間裡，幾乎到處都可以。這是一個很棒的練習，讓你能再度接觸到你自己的中心，與其聯繫，也能降低焦慮，還可以經驗到某些能量的再度復甦！這個練習給予參與者一種重新獲得力量，且重新掌控生命的感覺——這兩者是在危機介入計畫中最基本的主題。

練習 7.5：階段鬆弛練習

典型的階段鬆弛練習指導語如下：

找一個舒服的地方躺下，輕鬆規律的呼吸。將焦點放在你的呼吸上，吸氣的時候，感覺你的呼吸把寧靜與鎮定帶到你身上的每一個地方。持續這樣做幾分鐘。

接下來，在你吸入空氣時，撐開你的腳趾並拉展你的腳板，屏住呼吸且將你的腳保持在往外擴張的姿勢，然後緩緩吐氣並放鬆你的腳，自在地呼吸幾分鐘。

再來的吸氣階段，緊繃你腿部的肌肉和伸展你的腿部。當你停住呼吸時保持這個姿勢，然後慢慢吐氣並放鬆你的腿，這樣保持幾分鐘自在的呼吸，感覺你的腿部變得溫暖、厚重且輕鬆。

下一個吸氣段落，縮緊你臀部的肌肉；保持這樣的緊度並停住呼吸，緩慢地吐氣且放鬆你的臀部。自在地呼吸幾分鐘，然後吸氣並收緊自己的胃部肌肉；屏住呼吸時保持這種緊縮，再慢慢吐氣及放鬆。

感覺你的整個下半身變得沉重、溫暖，且放鬆。

　　吸氣並將手握拳，把你的手臂向下拉直，就好像要把它們從與身體的接口處拉開一樣，停住呼吸，並讓你的手及臂部保持在這種緊繃狀態，然後再和緩地吐氣並放鬆你的手掌及臂部。舒服地呼吸幾分鐘，再吸氣並把頭向下拉，用你的下巴來碰你的胸部，盡你所能地保持這個姿勢並憋住呼吸，自在地呼吸幾分鐘之後，吐氣和放鬆你的頭部及胸部的肌肉。現在你的全身是感覺溫暖、沉重及鬆弛的。

　　輕鬆地呼吸幾分鐘，當你進入下一個吸氣的階段，把你的肩膀向上升到你的耳朵，一樣盡可能地保持它們的位置並停住呼吸，再吐氣並放鬆你的頭部和頸部。

　　自在地呼吸了幾分鐘之後，吸氣並皺起你的臉，收縮臉上所有的肌肉，意識到你的臉現在承載了多少壓力，而這些壓力緊繃了臉上的哪些部位。只要你可以，就盡量保持這個姿勢並屏住呼吸，而當你吐氣時，放鬆你臉部的肌肉，感覺所有的緊繃都被解除了。

　　現在持續輕鬆地呼吸一陣子。如果你的身上還有某些部位覺得緊張，想像你的呼吸是一道柔軟的暖流，這個暖流可以被指引到你那個緊張的位置，放鬆它並治療它。你想停留在這個姿勢多久就停多久。

　　想一個暗示語來代表你覺得放鬆時的感受，例如「祥和」或是「冷靜」，如此一來你便可以依你所需隨時回到這個狀態。練習說出你的暗示語，並感覺你的全身就像現在一樣放鬆、溫暖、厚重。

視覺的想像

危機和創傷會使得個案感覺被某些巨大且無法控制的外力所擊倒。先不去管個案平常使用的克服困境方式，增加他／她克服技巧的裝備，可以幫助他們改變創傷的力量，與他／她自己對自我認知的力量之間的平衡。視覺的想像，或稱為視覺化，是助人者能教給個案的一個簡單又容易學習的技巧，它也是另一項個案在與你會談之後可以帶走的技巧。

在你要開始做這個想像練習前，很重要的是，要使個案處在一種很放鬆的狀態之下。前面介紹過的階段鬆弛，或是類似的練習都會有所幫助。

雖然有很多種視覺想像的類型，但最重要的是在你使用或教導個案這些技巧的時候，記得要傾聽個案所使用的語言！有些人會用譬喻及非常生動的方式來描述事情，如果遇到這樣的人，就要想想看，你該如何依照他自己的譬喻系統來建立這個想像的練習。舉例來說，如果有一個個案在描述他失去了他的地位，那麼就將想像建立於打地基，加強堅實度，或是類似的概念上吧！又如果，你的個案說的是他有一種被包圍、逼迫、被束縛，或是被囚禁的感覺，那就試試繞著一些在戶外做的自由活動來想像！

在你要開始之前，先確定個案是否有什麼恐懼症，討厭的事物，或是身體上的限制，通常會有所幫助。例如，如果你的個案有關於得皮膚癌的擔心，那就避免想像有陽光的場景；如果個案怕高，就離那些高的地方遠一些吧！

例子：

個　　案：我好害怕，好緊張，我沒辦法站在這裡！我覺得整
　　　　　個世界好像會崩塌在我身上，而我無處可躲！

助人者：你看起來像是失去了自由，那真的是很恐怖。

個　　案：嗯，對。而且我很珍惜這份自由，也很珍惜那種能
　　　　　解脫及覺得安全的能力。

助人者：在哪裡你最能覺得自由又安全？

個　　案：靠近我家避暑的地方的一個海邊。

助人者：告訴我一些關於你待在那裡的經驗。

個　　案：嗯……那是一個可以讓我放鬆的地方，也是一個讓
　　　　　我有被保護的感覺的地方。

助人者：或許我們可以用想的到那裡去。閉上你的眼睛，感
　　　　　覺你的呼吸正把輕鬆帶到你的身體裡。想像你的全
　　　　　身慢慢放鬆，而且變得愈來愈舒服。當你很自在地
　　　　　呼吸時，把你自己帶到那個你家避暑的地方附近的
　　　　　海灘，看到你自己正在做些你在那裡最喜歡做的
　　　　　事，可能是沿著海邊散步，或是看看海，也可能是
　　　　　躺在一張舒服的椅子或是墊子上。在那裡待一下，
　　　　　去感受當你在那兒時，你的身體覺得怎麼樣，然後
　　　　　想想你現在感覺到什麼，想到什麼。回到那個地方，
　　　　　和在那個特別的地方的你接觸一下，看看當你回到
　　　　　這個房間時，能不能把一些那時候的感覺帶回來。

其他視覺的想像

在危機時期中，能夠有所幫助的一些其他視覺想像的例子還包括：

1. 天鵝：讓個案把自己想像成一隻天鵝，看著各種壓力隨波濤滾滾被遠遠拋在後面。

2. 蹦蹦跳跳的小孩：讓個案記起當一個無憂無慮的小孩的樣子，再一次和那些可能已被遺忘的早期的部分相連接。

3. 關在籠子裡的獅子：對有些個案來說，把自己想像成一隻在籠中生氣的獅子，可能會比要他們直接表達自己的憤怒來得簡單。

4. 「看看自己在遇到這個危機之前的樣子」（在第四章有提到過）可能可以幫助個案恢復那種有能力的感覺。這個方法還有另一個功能就是，當作在評估時的診斷工具，它可以讓你對個案在遇到危機以前的功能有較清楚的看法。如果這樣做真的可以連起之前的力量，那麼接下去就讓個案看看自己離開這個危機的樣子，這可以使焦點集中在解決方法上，也能帶來一絲希望。

安全區域

安全區域的概念是所有我們處理危機及創傷工作的一個關鍵，失去安全感對於危機帶來的創傷經驗來說是很主要的。在現

實的狀況中，那個實體的或是在情緒上能讓個案覺得安全的區域
可能已被摧毀了，比如說在一場自然的災難之後，個案住的地
方，他／她的家可能已經毀壞了；還有與別人的關係的瓦解，那
個個案依靠他／她來得到支持、愛及情緒上的安全感的人，可能
生病了、受傷了、死去了，或是已經決定要離開這段與個案的關
係。失去了安全感是在危機及創傷中最重要的經驗！

　　有些使用視覺想像的助人者會用描述其中之一的方式，幫助
個案去想像一個安全區域：例如 McCarthy 的房子圖像，這個房
子是建在堅實的地面上，有一個**治療池**，且被樹所環繞著（J.
McCarthy, 1997 年 1 月 15 日的私人談話）。然而，其他的助人者
比較希望能讓個案發現及設計自己對於這個安全區域的概念。而
在這個視覺化過程中最重要的是個案的安全感。這個安全區域絕
對要是一個除非有個案的邀請，否則沒有人可以進去的地方，而
個案可以選擇帶任何讓他／她個人覺得安全的事物，不管是具體
的或是抽象的，進去這個安全區域。

練習 7.6：釋放憤怒的練習

　　我們在這段的一開始形容過，將釋放憤怒的練習結合到個案
表達壓力的區域上，會是十分有幫助的。如果個案沒有提出此類
的指示區域，那就找一個對個案和你來說都覺得最舒服的地方來
試試，唯一的警告是助人者不能被個案所傷。下面是幾個例子：

　　離開我的背：讓個案做一些和我們之前提過的集中練習裡的
姿勢相同的動作，然後要個案伸長下巴，以使脖子的前面那部分

感覺緊緊的。同時要個案握拳，舉起手臂，水平地彎手肘，使拳頭與拳頭在胸前相對。指示個案在大聲且有力地說「離開我的背」的同時，將手肘向後拉，試著讓兩個手肘在背後相碰。需要做幾次就做幾次，而且要和個案一起做，和個案討論他想要什麼離開他的背，還有這是代表哪些需要再進一步談談的未竟事務。

其他的憤怒練習：定位出個案的憤怒中心，並以此設計一個練習。例如，允許個案站起來並像大發雷霆般地跺腳會是非常有釋放效果的，而放一個大型又實在的枕頭在旁邊，讓個案可以去踢或者打它也是滿有用的。在生物能量學中，會鼓勵個案面對一個沙發或床跪下來，用其從手肘到手指的整個手臂前段來捶打枕頭，這是遠比一般的拳擊更能表達的方法，尤其對於那些如果真有憤怒，只會往肚裡吞，然後社會化地表達出一點點的女性更為有效！（A. Welhaven, 1978 年 12 月 20 日的私人談話）

油漆桶：這是一個被普遍使用的簡單練習，讓人能表達得很過癮。站好並將兩手臂往下垂在身體的兩側，兩手各握成拳頭，想像每一手都提著一個油漆桶，然後幻想你自己很用力地前後搖晃這兩個桶子，同時深呼吸並發出一個低沉又粗啞的聲音。記得要使用你從肩膀以下的整隻手臂，來搖晃那兩個油漆桶。

正向的增強

在第四章我們討論過在鼓勵人的自信時，**甜頭契約**之功能的重要性。我們在此將它擴大來作為一種幫助個案在嘗試改善的過

程中補充能量的方法。

　　身處危機中的人在此時比平常更需要好好地照顧他們自己，不過，由於危機的本質所致，他們普遍都很少會去照顧自己。因此，你要去和個案建立「甜頭契約」是很重要的。首先，讓個案告訴你某些他們做了會感覺很好的事情，可能包括好好地泡個澡，一顆糖果，一段安靜的散步，一頓大餐，看著浮雲飄過平靜的天空，喝一杯淡淡的花草茶，或者個案提出的任何幾樣事情。如果你想到了那些身處災難之中的人正躲在避難所裡，任何一個這樣的建議，聽起來可能都像是會遭人唾棄的事情，但這也就是它們為何如此珍貴而且更加重要的原因。聽完個案的想法之後，和他們訂一個契約，契約中他們同意在你們下一次面談之前，至少去做（或嘗試去做）這些照顧自己的事的其中一件。如果個案有一件特別困難的任務要去完成，你可以將「甜頭契約」做些變化，就是幫助個案將這個艱難的任務分成幾個較小的、可做到的部分，而每完成一個部分之後，就用這些在他們的「甜頭契約」上讓他覺得好過的事情來獎勵一下自己！

練習 7.7：轉移力量的練習

　　基本上來說，這個練習是指導個案放鬆，並要求他回想起讓他感覺最有力量的一段時間或一個情境。當你的個案在想這些影像時，請他試著去感覺他的身體，他的腦海裡聽見什麼，還有他在情緒上經歷了什麼樣的悸動；接著讓個案用一個**線索字**來替這整個經驗命名，以後這個名字就可以用來追憶起他在身體上、情

緒上及認知上與有力量的感覺聯結在一起的反應；然後藉著這個「線索字」的刺激，個案便可以再產生那些反應，將有力量的經驗轉移到現在的經驗中。在這練習中，我常會伴隨使用一個個案可以保留的小石頭，我把這小石頭稱為**觸心石**。

睡眠練習

最近的一個對於失眠症的心理治療的檢討中（Murtagh & Greenwood, 1995）顯示，有些技術能夠有效地改善睡眠品質及主觀的睡眠經驗。由於危機和創傷會造成睡眠被剝奪，所以我們在此提出一些關於失眠治療的研究結果來給你看。在這份研究中，被檢查的治療方法有控制刺激、限制睡眠、矛盾目的，以及放鬆技術。控制刺激技巧是著重於要求個案只有在他想睡的時候才能待在床上。「我們指示個案只能用他／她的臥房來睡覺或是做愛，而不能把臥房用來當作看書、看電視、吃東西或是工作的地方。」個案甚至還被指示要「在無法入睡時馬上離開床鋪，每天要在同一個時間起床，離開床鋪，不管到底睡了多久」（Murtagh & Greenwood, 1995, p.82）。

矛盾目的則是指示個案要以一種相反於他想要的結果的樣子來行動，其理論是要減少失眠症患者對於自己不能睡著這件事感受到的焦慮。用這個方法得到的治療是慢慢獲益的，不似其他的治療方法來得有幫助。

放鬆技術則包括使用階段肌肉放鬆練習、靜坐、系統減敏感

法、想像、自我練習，還有催眠。在我們自己的工作經驗中發現，認知治療概念中的思想中斷法可以有所助益，尤其是對於會一直反覆地回想發生的事情、難以繼續往前走的停滯個案更有幫助。而對那些他／她的失眠是和創傷有關的人來說，作者（B. W.）發現到一個簡單的方法，就是要個案找出一組有七個音節的字母、數字或是詞句，讓她可以一次又一次地複誦，來安靜自己的心。在這部分，加拿大的郵遞區號系統提供了一個很棒的選擇，而且是可以跟每一個人分享的，這些郵遞區號有與要求相符的音節數，而且很多用過的人都認為有效，比如說 H3W2Y4。另一個被發現出能有幫助地激發平靜、有點像咒語的是「青草處處皆自生」（the grass grows all by itself），或者對那些喜愛冬天的人來說，「片片白雪處處飄」（the snow falls all by itself）。

照顧者在創傷中該做的回應

　　Young（引述自 Roberts, 1991）提供了一些處理危機或創傷的個案時會有幫助的句子，而正如你所看到的，這些句子反映了我們在第四章中提過的，不要使個案覺得自己平庸的警告。句子如下：

要說：
- 對於發生在你身上的事情，我覺得很難過。
- 你現在安全了（如果這個人確實是安全的）。

・我很高興現在你和我一起在這裡。

・我很高興你正在跟我說話。

・這不是你的錯。

・你的反應是遇到不尋常的事件時的正常反應。

・你有這樣的感覺是可以理解的。

・看到／聽到／感受到／聞到這些一定很令人難過／痛苦。

・你不會發瘋的。

・事情可能不會一直是這樣的，它會變得更好，而你也可以變得更好。

・你的想像會造成一個比事情原本的樣子更可怕的現實。

・哭泣、憎恨、想報復等都是沒關係的。

不要說：

・我知道你的感覺是什麼。

・我了解。

・你能活下來就是幸運的了。

・你能救回些東西算是幸運的了。

・你是幸運的，還有其他的孩子／親屬等等。

・你還年輕，能夠繼續你的生活／能夠再找到另一個人。

・你愛的人在死時並沒有受太多痛苦。

・在她／他死前已過了又好又豐富的一生。

・這是神的旨意。

・她／他現在去了一個更好的地方／更快樂了。

・在悲劇之外會有好事發生的。

- ·你會走過來的。
- ·不會有事的，所有的事都會沒問題的。
- ·你不應該有這種感覺。
- ·時間會治療一切的創傷。
- ·你應該要回到你的生活繼續過下去。（p.95）

角色扮演

　　在接下來的練習中，我們的學生試著將所有危機介入的資料整合在一起。他們須對於收縮個案或擴張個案認知上、行為上，還有情緒上的暗示有所警覺；同樣的，他們也必須注意自己的助人技巧，不管是言語上的或是非口語的。他們還需要注意個案自殺的可能性，如果有需要的話，還能作一個完整的自殺評估。而且重要的是，學生們要記住傳統的治療學說和危機介入模式的差異性。他們的工作是和個案**建立關係、評估**，以及**轉介或是接下個案**，但是是站在一個立即的焦點解決學說的角度，而不是其他較審慎緩慢的傳統治療學說。我們設計下面的練習是要以角色扮演的型態來完成的，如果是在一個班級中做練習，建議的形式是讓一個學生當助人者，一個學生當個案，就好像之前描述過的。在這段互動結尾的時候，讓個案對助人者做些回饋，接著全班一起討論反應，然後角色對調。如果時間允許的話，在全班面前來一組一對一的技巧示範會是滿有幫助的，如果沒有整個班級做的話，還是應該要保留回饋、角色對調，以及討論的部分。如果是

在班級的環境中做這個練習的話，在示範的介入後還是用一樣的回饋模式，然後再對調角色。

練習 7.8：角色扮演的練習

選擇角色。決定兩人中將是哪一個人扮演個案，哪一個扮演助人者。

情況：一個孤獨（收縮）的六十五歲老人，老婆剛過世。他的家人都住得離他很遠，他從來沒有獨居過。

在這個練習中，助人者只能用非口語的方式回應，不能使用任何言語。

持續這個練習至少三分鐘。在三分鐘快到的時候，個案給助人者回饋。不管你是在一個班上，或只是和另一個人做這個練習，去感受這個經驗是很重要的。要討論的部分有：

・放掉所有的言語感覺如何？

・去掉言語這個部分在助人者身上引發了什麼？

・對個案來說何者是有幫助的，何者是沒幫助的？為什麼？

・是否有些人碰觸對方，而有些人沒有？為什麼？

回到我們關於碰觸及使用碰觸的討論段落，看看在這個情境中該如何運用。

這章稍早我們曾討論過，調整你反應的步調的重要性，我們指出了在危機中，配合個案調整你反應的速度是很關鍵的。在下面的練習中，當進到實際練習，傾聽一般的主題之階段時，要繼續注意你對時間的掌握，注意傾聽他們，不只是聽到他們說些什

麼。接下來的一個部分，要將非口語的表達，反應的延遲，在對話中發展主題，還有深入情緒的部分都放在一起。

例子：

助人者：「看起來好像有一連串的事情讓你很難過，你的工作、你的父母，還有你的婚姻，而且你似乎在告訴我，由於這些事情同時發生在你身上，使你強烈地感覺到事情都失去了控制。」

然後你可以開始去再深入情緒並集中目標在感覺上。

「事實上你好像對於這些事情同時發生在你身上感覺到生氣、受傷，而且很難過。」。

剛才所提到的每個方面都可以配合兩人間的角色調換，當成一個分開的段落來做練習。在每一個段落之後，扮演個案的應該給扮演助人者的組員一些回饋，而在時間上也應該允許學生去討論，對於助人者與個案來說，實際參與練習的感覺如何。

第二個情境的劇本為：一個五十歲的獨子，和父／母住得很遠，其父／母剛被診斷出患了阿茲海默氏症。

練習 7.9：整合口語和非口語表達的練習

對於收縮及擴張的情況的進一步處理：在第四章我們介紹了關於擴張及收縮的概念，還示範了一個例子。這裡有一些其他的例子可以用同樣的方式來練習。

1. 面對擴張的個案

狀況一：
一個年輕的媽媽，剛發現她的孩子曾經被性騷擾。

狀況二：
一個無法控制的小孩，孩子在教室裡而且呈現失控的狀態。狀況可以發生在教室中，或者是助人者或學校人員的辦公室內。

整體討論：回顧有擴張表現的人的特質（認知方面的、情緒方面的、行為方面的）。

· 這些人特別向助人者求取些什麼幫助？
· 哪一種學說是有效的（講理的、重認知的、指導性的等等）？
· 何種學說是無效的（深入情緒等）？

如果時間允許，利用無效的技巧做個一對一的示範，讓有效與無效間的差別更為明顯。

2. 面對收縮的個案

狀況一：
一個三十二歲，有自己的專業而且成功的男人，剛被診斷出陽性的 HIV 反應。

狀況二：
一個孤獨的少女，在她最好的朋友自殺身亡後，已經躲在自己的房間好幾天了。

回顧一下第六章討論的青少年自殺的部分。

其他可以當成不管是擴張或收縮的個案來練習的劇本

1. 一個八十六歲的老太太，這是她在老人安養院的第一天。
2. 一個四十五歲的婦人，一直相信「王子和公主從此過著幸福快樂的日子」，但最近她的丈夫卻在他們結婚二十五年之後離開她。
3. 一個二十六歲的醫學院男學生，最近失去了他的視力，瞎了。
4. 一個四十五歲的男人，他的老婆離開了他，而他正站在橋上。
5. 一個六十歲的婦人，她的家被一個驟發的山洪給摧毀了。
6. 一個青少年，其好友剛被飆車掃射的兇手給擊斃。
7. 一個有良好駕駛記錄的青少年，他駕駛的車子衝出原本的車道，並撞上一輛滿載孩童的車子。
8. 一個經歷過約會強暴的年輕女性。
9. 一個伴侶剛死於愛滋病的年輕男性。
10. 一個第一次生孩子的三十九歲女性，發現她的孩子竟然是死產。

接下來的段落會論及一些你在創傷工作中將會需要的現有技巧，包括和媒體一起工作，以及建立一個心理健康回應團體。

和媒體一起工作

　　由於媒體在創傷事件的現場是擔任一個忠實呈現的角色，而且協同媒體工作對於我們在大眾教育的努力來說，是很必要的，所以以下將敘述和媒體一起工作的指導守則。

　　要記得，媒體的代表——新聞工作者、電視及廣播的播報者、攝影記者，還有工作人員——構成了一個對於創傷事件很關鍵的特別角色，他們記錄了事件也使事件變形。媒體的代表者也會被事件影響，有些人還會成為二級的或是替代他人受苦的受害者。

　　很多和媒體有關的形容詞是闖入的、打擾的，雖然如此，媒體仍然可以是有指導性的、具教育性的，有時其影響甚至會是有治療效果的。較有智慧的做法是從這些代表者的身上學習，並且以協力合作的方式與他們一起工作。

　　當被要求接受一段訪問時：

- 和來訪問的人建立熱誠友善的關係，並了解要訪問的目的。不論這段訪問確定的用意為何，都利用這個機會將訊息中關鍵的部分傳達給社會大眾。要將問題無落差地轉換成答案是需要練習、敏銳度，以及技巧的。
- 要成為新聞的來源。讓你的媒體接觸人及大眾們知道，你有重要的訊息要分享給大家，而且是馬上就要！
- 只要情況允許，記得要給報導者一些書面資料，讓他們可

以閱讀或者從中引用。所有的背景資料對於他們來說永遠是有用的。

· 試著將訪問的焦點集中在一或兩個主要的點上，這些點是可以讓你一再重複，且用一些生動寫實的例子來強調它們的。

· 在進行訪問時要依據確實的資料或證據。如果遇到缺少這類資料的情況時，也要將這個部分交代清楚。

· 機密性是很重要的。掩飾所有你用的個案例子，而且絕對不要提到個案的姓名，除非你得到允許可以這麼做。

· 絕不要給你的個人姓名及電話，但例外的情形是，把你的姓名當成是團體或組織的代表，且給對方團體或組織的電話號碼。

· 在答應受訪前先複習你所屬組織的倫理及專業的指導守則。如果需要的話，依據這些守則和來訪者談好原則。

· 記得不要就整體而論，代表所有的專業界來說話。也永遠不要暗示或聲明你的這些短述是有關於所有此事件的受害者，或者你是替他們發言的。

· 做你自己。表現得有自信，且是能勝任的，但也要有人性。

· 不要讓截稿的驚慌推著你去回應一個你不太熟悉的主題。建議報導者從你可以提出意見的角度來看這件事，或是將他轉給可以回答這些主題的同事，而不是說「不」。

在訪問之後：

‧ 如果還有時間，針對這次訪談和來訪問的人開個會。如果你也曾一起在創傷事件的現場，分享一些經驗，並表達你對他們工作中的困難性的同理。

‧ 寫下這位來訪者的姓名及電話，還有他所代表的新聞單位。這可以當成是你個人的資料，讓你在稍後如果發現你所報告的有誤時，能聯絡到這個新聞單位，也可以做現場的修正。

‧ 錄下每一個被播送的訪談，再放出來以觀察你自己。邀請其他人來看這個帶子，並提出對你的口語及非口語行為的建議。

在對受害者的訪問中：

‧ 告訴同意接受訪問的受害者，他們可以隨時終止這個訪問的權利以保護他們。如果可以的話，當受害者或是其受託於你的照顧之下的家中成員在接受訪問時，一直待在旁邊（但一定要讓他們清楚地看見你而且你是可以幫忙的）。

‧ 在受害者結束訪問之後和他們做個任務後討論。有些人可能會在詳述那些令人不安的細節之後很難過，有些人則可能會覺得解放，並把一些新生的能量當成是訪問經驗造成的結果。

在專業地完成訪問及保護被訪問的受害者這部分還可加入更多的元素。而工作坊及訓練課程是有價值的，它們也會是有這個領域之工作經驗的導師。

建立心理健康回應團體

　　個人的或是社群的悲劇永遠不能完全只靠救濟組織、政府單位，或是醫療人員的致力工作來解決，大眾能了解對於受害者來說，離回復到原來的生活步調的距離，會比這些團體所能提供給他們的來得大。

　　沒有哪個組織可以幫助預防因失喪帶來的悲傷，緩和使人嚇呆了的恐懼，或是治療失眠的夜晚，還有它們帶來的令人討厭的影響。因此，「心理健康回應團體」在創傷反應及恢復的過程中變成一個必要的因素。此外，當這個回應團體採用了某些指導原則和程序後，就不會被某些大組織，如紅十字會，原本固有的特殊官僚架構所束縛。這些大組織可能有的問題是它們固著於過時的技術（Brauman, 1992），例如說，紅十字會花了十年的時間，才接受可以解救被噎住的受害者的哈姆立克法（H. Heimlich, 1987年 10 月 14 日的私人談話）。另一個問題就是，這些組織會利用規定限制來欺騙那些在其勢力範圍內工作的人。由法國發起的緊急醫護組織──無國界醫生──有一部分曾因為配合國際紅十字會之規定，禁止其工作人員對外說出他們看到的種族大屠殺事件，而被獨立地培養發展（Brauman, 1992）。雖然對某些特殊區域的創傷工作以及針對訓練及背景經驗來說，被建構得很好的組織可以提供心理健康專業人員一個安棲地，但最終它也只是在所有關於心理健康的團體中獨立運作的單位，而其所造成的照顧形

式上的長期差異，是處於各種創傷中的受害者將會接收到的
（Bloch, 1993）。在其他的組織都在處理「意外事件因素」時，
只有心理健康的專業人員還得被要求去致力於「迫害因素」
（Hance, Chess, & Sandman, 1988），這些「迫害因素」在「意外
事件因素」早已被終止後，還會久久滯留不去，而且通常在犯罪
案件、強暴、虐待兒童、中毒、平民暴動、戰爭、致命的意外，
甚至公司的人員縮編之後，會明顯地看到這些因素。

　　這個心理健康團體將各種資源混合在一起以完成任務。在社
區內可能會形成一個大團隊，因為這個團隊是由專業且有經驗的
專家及有才幹的人鑑定過之次團體所形成的，所以團隊中的某些
成員是處理特定族群，如成人、孩童、特殊職業團體、特殊人種
團體、殘障人士等的專家，有些則是處理被視為是創傷事件的影
響帶來的問題的專家，還有的是了解評估及介入計畫的專家。這
個團隊也可能會利用其中某些成員的創意、才能，還有獨特的技
術，包括外語能力、撰稿及公眾演說能力、行政及組織技巧等，
聯繫外面可以幫助團隊工作進行的團體。

　　團隊的編組應該以飛行員的編隊為基礎，加上成立關於存
檔、費用，及無償性服務安排之辦事處的協議。而延續自我監督
的經驗，可以讓團隊建立於這個社區並長久存在。

　　由於扮演多樣的角色，團隊的工作包含了幾個時期及幾種表
現，計有：初始的評估；動員一（針對大規模的事件）；動員二
（針對小規模的事件）；實地的團體活動；介入後的功能及活
動。在以下將描述的模式中，所有可能的角色都已被考慮到，然
而，它們其中可能只有一個或少數幾個角色，會在團隊面對所遇

到的事件反應中被實現出來。

　　這份資料是由前任加州洛杉磯「生命盈餘創傷恢復團隊」（Lifeplus Trauma Recovery Team）領導者 Jon T. Perez 博士（1990）所擬定的草案修改過的版本。

初始的評估

　　當接到剛開始的求助時，請記住，這個與你接觸的開始者可能正因這事件而難過且心神不寧。花幾分鐘的時間來很快地建立與他的關係，並與他談一談，真誠地接受他可能正在經歷的感覺及不尋常的壓力，不管是在電話中談還是親自面對面地談，你可能會發現利用表 7-1 的格式，來記錄你從一開始的接觸所收到的種種訊息，會是滿有幫助的。

表 7-1　初始的評估

原來的聯絡人：

姓名＿＿＿＿＿＿＿＿＿＿　　　初次聯絡日期：＿＿＿＿＿＿＿

電話（　）＿＿＿＿＿＿＿　　　時　間：＿＿＿＿＿＿

傳真（　）＿＿＿＿＿＿＿　　　記錄者：＿＿＿＿＿＿

E-mail＿＿＿＿＿＿＿＿＿＿

一、事件性質

　A.分類

犯罪案件	☐	個人的	☐
意外事故	☐	多樣的	☐
天然災難	☐	一個社區	☐

個別分立的　　　☐　　　包括幾個社區　　☐
仍持續進行的　　☐

簡短的事件描述：

_____

_____

_____

事件發生的日期及時間：

_____

_____

_____

B.受影響的人員

有關係的　　　☐　　　所知受害者人數_____
陌生人　　　　☐　　　受害者的年齡範圍_____
　　　　　　　　　　　主要的性別為_____

在「時機一」：事件發生當時，及「時機二」：衝擊過後，運用這份表格時盡量做到檢查以下的項目

☐　目擊者
☐　旁觀者
☐　醫事輔助人員
☐　醫療人員
☐　救難單位
　　☐警察
　　☐消防隊
　　☐其他專門的團體
☐　媒體　　　　　　　聯絡人員姓名及電話：
　　☐廣播電視
　　　　　　　　　　　_____

　　□印刷類
　　□攝影記者
□　紅十字　　　　　　　　聯絡人員姓名及電話：

□　心理健康專業人員

□　宗教神職人員（僧侶，牧師）
□　停屍所協助人員
□　指導葬禮的人員
□　政府的視察小組
□　偵探
□　代辯律師
□　職員／總裁
□　政府的公職人員
□　保險公司

二、哪些族群要求團隊去進行評估及／或介入幫助？

三、種族及文化環境背景

四、估計受影響的個體數目：

    1.估計受影響的年齡層：_____

    2.估計在地理上擴及的範圍：_____

_____

五、媒體的參與

    1.有報導這個新聞的頻道／廣播或電視網的名稱及電話：

_____

_____

    2.可供使用的印刷類媒體的名稱及電話：

_____

_____

六、參與的救濟單位／人員

    ☐　緊急醫護服務（EMS）

    ☐　醫院

    ☐　政府單位

    ☐　私人單位

在那裡已經有哪些緊急指揮及控制網絡／機構？

_____

_____

七、和事件有關的危險因素

    ☐　缺乏警示

    ☐　出事地點在事發前後突兀的對比

    ☐　環境本身的「無辜」

    ☐　威脅不確定性及持續時期的程度

    ☐　事件發生的時間

    ☐　事件擴及的範圍

人員的死亡或受傷
- ☐　輕微
- ☐　中等
- ☐　嚴重
- ☐　遍及所有範圍

八、被要求去幫忙的小組
- ☐　對被影響的人做直接的服務
- ☐　協調的服務
- ☐　教育／訓練的服務
- ☐　法律專業上的協助
- ☐　大眾教育
- ☐　對人員做災後檢討
- ☐　諮詢的服務
- ☐　其他：

九、預計團隊要在什麼時限內完成工作？

_____

_____

十、估計需要的團隊費用
耗損的物品：

_____

_____

_____

十一、對初始接觸的評估
1.電話或聯繫的時間長度：_____
2.接收到的訊息：

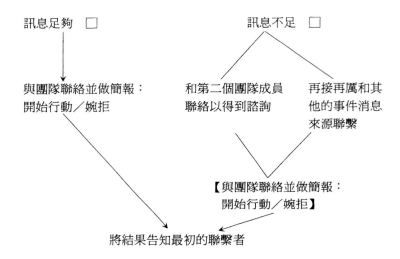

將結果告知最初的聯繫者

動員一

　　團隊的成員需要盡快地碰面，為他們的現場工作做好準備。這個現場可能是在原本大家的所在地，或是有點遠的地方；不管是哪一種情形，團隊都必須要達成以下的工作：

1. 盡量得到最多關於這個事件、被影響的人員，還有能馬上在現場開始做的可能服務有哪些的資訊。

2. 先和現場的服務及處理單位做協調，這樣的話就把團隊工作與那些單位的努力整合在一起。

3. 評估要進行動員的團隊現有的資源（團隊可不可以達到要求的服務──全部，或是其中的某些部分；時間限制是否合理；收費適不適當；在工作中無償的部分是否合理可接受

……）。

接下來所列的在到達事件現場前的角色，可能會因事件及可前往的團隊大小而有所不同。在某些時候，一人一個角色是可以做到的；但在其他時候，一個人可能會同時擔任兩個或更多的角色。

緊急醫護服務

這個人是負責聯絡有參與其中的緊急醫護服務（EMS）及醫院，特別是如果有包括需要精神治療服務的話。這個角色要收集到的訊息通常有受傷的數目、死傷狀況、受害者的年紀、醫院候診室及事件現場附近的等待區的情況，還有相關的組織或混亂、分裂的程度。

如果團隊是在事件發生的幾天甚至幾個星期後才被要求去協助，較聰明的做法是基於溯及既往的角度來看待。這樣會使得團隊對於受害者及其家庭在事件發生時可能經歷過什麼有些概念，這也提供了一個機會讓團隊可以在創傷後討論的部分上，對於緊急醫護服務及醫院的工作人員做些服務，即使原本的要求協助並不是由這個特殊的來源發出的。

政府組織

這個人是負責協調及聯繫當地的、縣市的及國家的單位，並分類官府的聯絡人員及線路，這個聯絡範疇內還包括了警察及消防單位。

私人組織／機構

這個角色是負責找出主要參與工作的私人機構，並且決定團隊要以什麼方式來協助。這個部分也包括了聯繫任何當地的心理健康專業團體。

媒體

這個角色是負責和報導這個事件的媒體一直保持聯絡，其目的不只是為了對於大眾教育的付出及努力，還有決定對事件最初的描寫，這個最初的描寫對於受害者及其所在社群都會帶來很大的心理上的震撼。

先遣企畫員

這個人的角色是介於團隊跟那些在現場的單位之間的聯絡者。先遣企畫員的工作主要在於製作簡短的資料訊息單供團隊使用，以及規畫團隊的活動及航程，如果需要的話，還要安排大家臨時的住宿地點。先遣企畫員可以是也可以不是最初接洽的評估者。

如果有可能的話，這些未到現場前的角色，包括初始評估者，最好能夠大家輪流擔任。這會讓每個人都有機會變得熟悉每一個角色，而且讓團隊的回應能更有彈性。然而，團隊也可能會決定採用學習一人一個角色的模式，並變成那個領域的專家，這樣才是較有效率的。

動員二

　　從社區或是國家的觀點來看，很多創傷性事件是屬於小規模的事件。它們並不會要求緊急醫療人員或是醫院、政府組織，或是大型私人救濟機構的服務。在有些情況中，創傷性事件是個人的家庭悲劇，或是工作地點發生的事情，那些被影響到的人會需要或者要求隱私權。

　　因此創傷處理團隊所扮演的角色，或多或少會和我們在前面所描述過的有所不同。

重要人員／發言人

　　這些人要負責聯絡被包含在這事件中的重要人物。在某些情況中，這些關鍵人物可能是工廠的經理、銀行經理或總裁、學校的校長、家中的家長，或是政府的官員。而在其他的情況，他們也可能是和保險公司、代辯律師，或是執行人員的首領有關聯的主要人員。透過這些聯繫，便可以決定團隊要如何協助他們，以及命令的層級順序為何。舉個例子來說，在一件銀行遭搶劫的案例中，可能是銀行經理開始聯絡的，但在要對於受創傷的職員著手進行介入計畫之前，還是需要團隊中的人去和銀行的副總裁聯繫。

團體資源

　　這個角色是負責為那些被事件所影響的人收集關於團體的資

訊。團隊應該要持續地更新這些資源的接洽人員姓名及電話號碼的檔案。

家庭成員

在個人家庭悲劇的案件中，這個人的角色是要負責聯繫主要的家庭成員，並找出一個或兩個可以代表家庭並提出家庭期望的成員。

媒體

這個角色是負責一直與報導這個事件的媒體保持聯絡。這可能包含了對於大眾教育的努力（參考動員一）；但有時相反的是，在某些案例中，那些受創傷的人會要求團隊在媒體前掩護他們。當企業或是公司被牽扯進來時，在動員角色中擔任這個位置的人，應該要和擔任聯繫並諮詢重要人員／發言人角色的團隊成員保持密切的合作。

先遣企畫員

這個人的角色是扮演介於團隊和在現場的那些單位間的聯絡員。企畫員應該要製作簡短的資料訊息單並發給團隊、規畫團隊的活動、安排飛機，如果是要離城到別的地點去的話，還要安排臨時住宿的地方。這個先遣企畫員可以是也可以不是最初的評估者。

一般的覺察

在動員團隊去回應任何的創傷性事件時，每個角色的本質，以及是誰要去擔任這些角色，都應該要盡可能地彈性化，還有永遠視事件的情況來任命。先前所定義過的那些角色，例如在兩個關於動員的段落中所介紹的，其實並不徹底，但它們可作為一個訊息的來源，這樣對於團隊的規畫，還有協助團隊對於事件做有組織的回應都會是有幫助的，因為在定義上來說，事件都帶有混亂、充滿情緒，及不清楚的變數在裡面。綜合以上所有，一個有組織的團隊回應會傳達給個體、家庭和團體一種冷靜及連貫性，這對於從創傷中恢復來說是具有治療性且不可或缺的。

現場的團隊活動

依據創傷性事件的本質及範圍，只要他們一到現場，團隊成員便可以扮演以下的幾個角色或全部。這是沒有辦法事前規畫角色的：團隊要去配合這個事件，絕對沒有第二個方法！

還有一點很重要的是要記得，在大規模的事件中，發動服務的團隊可能會需要找第二個團隊來協助。這第二個團隊可以由先遣企畫員帶領他們進行經驗分享，也就是說，請記住，在創傷性事件中，一個小小的團隊（二至四個人）也可以靠**擴散**發展它們的服務，而有很好的表現。在舊金山大地震兩天之後，有四或五位心理學家及四百位專業人士進行了訓練課程；還有在波斯灣戰

爭期間，五位心理學家和一個有幾千人的志工組織在辛辛那提一起工作。在單一獨立的事件中，舉例來說，一件在工作場所的自殺案例，兩位團隊成員就可以適當地在管理階層進行他們工作的主要部分。而在這種事件中，可能不需要和媒體有直接的結合，也不需要聯繫救濟中心或醫院。

團隊指導員

團隊指導員是負責監督團隊的功能，並注意團隊成員有沒有得到在他們的活動之中所需要的支持。

專業的聯絡員

這個人是負責帶領團體經驗分享（如果需要的話），以及訓練專業的照顧人員。

經驗分享引導員

這個人是負責對被影響的受害者進行團體經驗分享。這裡也包括了對那些可能要被轉介去做更廣泛的評估及治療的人的初步評估。

而很有可能的是，大部分因應創傷性事件而產生的介入計畫需求，是可以透過將這些角色填滿而充分達成的。團隊的指導員也可以擔任對政府及私人組織的聯絡員，還可以在有企業及公司涉入其中時，擔任管理高層的顧問。

媒體協調員

　　這個人要確保媒體有被通知到關於在心理健康上減輕痛苦的努力成果，並教育一般大眾及對他們提供再次的保證。這個角色也可以接收到媒體傳來的有關危機的最新訊息，並警告其他的團隊成員。

　　除了以上這四個角色，依據事件的範圍、團隊運作的時間限制、團隊的人力，還有團隊的其他資源，以下的角色可能也會有所幫助。

緊急醫護服務聯絡員

　　當在危機現場需要緊急醫護時，有一位團隊成員可能要負責對他們做任務簡報，而且如果有需要的話，必須做服務上的轉介。緊急醫護服務人員也可以協助這位團隊成員去鑑定及定位受害者的心理危機層級。

治療團隊

　　這個角色的工作是調派出一個可以做心理評估、初級治療，以及對於受害者、其家庭成員、同事、緊急醫護服務人員之轉介的團隊。

治療督導

　　在大規模的悲劇中，這個人提供治療團隊及任務簡報員臨床上的監督，對團隊來說是價值高到無法衡量的資源。這個督導的

角色可以是一對一的運作，或是將整個團隊當成一體來監督，他可以作為他們的簡報員，檢查團隊損耗狀況，並對於照顧的交付過程中，那些很投入行動的人所不能看出來的變化提出建議。

團隊指導員之諮詢員／助理

在某些危機中，這個角色是有點奢侈；而在其他的危機裡，則是絕對必需的！在團隊活動形式極端複雜，或是創傷延續了一段很長的時間的情況下，必須有人來擔任這個角色。

在介入計畫之後

如果團隊的工作導向是基礎的諮商、教育及訓練的模式，那其工作通常在一至五天內就可以完成，這類工作的關鍵是在於在幾個層面提供介入計畫，就如「生命盈餘草案」中所建議的方式。大部分的創傷工作團體只對受害者本身提供直接的服務，而其他的創傷工作團體，其模式是在緊急醫護團隊的工作完成之後才定的，則只對與創傷工作焦點有關的團體介入很短的一段時間，大概一至六個小時（例如，ＣＩＳＤ團隊）。第二個方法是很好用的，就如在學校內發生一件創傷性事件之後，帶領學童做經驗分享，讓他們了解；然而，一個善於變通的團隊不只會這樣做，還會去找家長、老師、其他學校的學童，透過媒體對大眾教育等等。

在其工作之後，團隊應該指定其中一個成員在不同的時間間隔內，繼續與在事件發生地的人員做後續探訪及電話聯繫，而為

了要鑑別每一個介入的成功與失敗，應該保留每一次聯繫的記錄。

團隊則應該向那位開始與其接洽的人再次保證——他們絕不會像媒體一樣——他們不會放棄對於事件結果還有事件對受害者造成的影響的關心，因此團隊可能會希望在原本對成本及收費的估計中定出一個「延續諮詢費用」。

文件存檔，工作檢討與評論

當團隊歸來之後，所有用過及收集過的文字資料應該要存檔起來，這是為了讓團隊在以後作為運用、訓練之途，也為可能的調查和／或成果呈現做預備。

工作檢討及評論的部分是應該要進行的！理想上來說，這位工作檢討者最好是一個熟悉團隊，但卻未實際參與執行這次事件的人。而評論的部分則扮演了一個很不同的角色：團隊要去分析他們是如何處理因事件而產生的命令，其中何者有效，何者無效，並且將所有的建議記錄下來存檔，以作為之後修訂草案之用。

結語

盡快地提供危機介入計畫及對創傷的回應具有關鍵的重要

性，如果能早一點有適當的介入計畫，就可以避免慢性的問題。
讀者將會發現，靠著充分練習那些我們所提供並持續深入鑽研的
訓練內容，他／她就可以對個人及團體創造出很有價值的貢獻！

參考資料

Bloch, E. (1993, August). Organizing responses to civil disturbances: New
models for practitioner intervention. In B. Wainrib (Chair), *Trauma
responses: What practitioners can learn from recent disasters.* Symposium
conducted at the annual meeting of the American Psychological Asso-
ciation, Toronto, Canada.

Brauman, R. (1992). *The Médecins sans Frontières experience.* Unpublished
manuscript.

Carkhuff, R. (1971). *The art of helping.* Amherst, MA: Human Resources
Press.

Hance, B. J., Chess, C., & Sandman, P. M. (1988). *Improving dialogue with
communities: A risk communication manual for government.* Trenton, NJ:
Department of Environmental Protection.

Kertay, L., & Reviere, S. (1993). The use of touch in psychotherapy:
Theoretical and ethical considerations. *Psychotherapy, 30,* 32–40.

Lowen, A., & Lowen, L. (1977). *The way to vibrant health: A manual of
bioenergetic exercise.* New York: Harper Colophon.

Morris, D. (1971). *Intimate behavior.* New York: Random House.

Murtagh, D. R., & Greenwood K .M. (1995). Identifying effective psycho-
logical treatments for insomnia: A metaanalysis. *Journal of Consulting
and Clinical Psychology, 63,* 79–89.

Perez, J. (1990). *Responses to prolonged stress and trauma.* Unpublished document
adapted from "Operation Homefires." Los Angeles: LifePlus Foundation.

Roberts, A. L. (1991). *Contemporary perspectives on crisis intervention and pre-
vention.* Englewood Cliffs, NJ: Prentice-Hall.

國家圖書館出版品預行編目（CIP）資料

危機介入與創傷反應：理論與實務 / Barbara Rubin
Wainrib & Ellin L. Bloch 著. 黃惠美,李巧雙譯.
--初版.-- 臺北市：心理, 2001（民 90）
　面；　公分.--（心理治療系列；21036）
參考書目：面
譯自：Crisis intervention and trauma response:
　　　 theory and practice
ISBN 978-957-702-425-1（平裝）

1. 心理輔導

178.3　　　　　　　　　　　　　　　　 90002093

輔導諮商系列 21036

危機介入與創傷反應：理論與實務

作　　者：Barbara Rubin Wainrib & Ellin L. Bloch
譯　　者：黃惠美、李巧雙
總　編　輯：林敬堯
發　行　人：洪有義
出　版　者：心理出版社股份有限公司
地　　址：231026 新北市新店區光明街 288 號 7 樓
電　　話：(02) 29150566
傳　　真：(02) 29152928
郵撥帳號：19293172　心理出版社股份有限公司
網　　址：https://www.psy.com.tw
電子信箱：psychoco@ms15.hinet.net
排　版　者：臻圓打字印刷有限公司
印　刷　者：翔盛印刷有限公司
初版一刷：2001 年 3 月
初版九刷：2024 年 5 月
I S B N：978-957-702-425-1
定　　價：新台幣 300 元